UWE TODT

Erfolgreiches Wirtschaften durch Gegenseitigkeit

- Anregungen und Vorschläge -

videel

ISBN 3-935111-57-6

http://www.videel.de

Gesamtherstellung: videel, Niebüll
Umschlaggestaltung: Christian Schulz
Seitenlayout: Broder Clausen

Inhalt

Anhang

1. Das Geldmonopol

Was ist Geld?

Mit unserer Arbeit schaffen wir Werte, materielle und immaterielle Werte. Diese geschaffenen Werte sind aber nichts Dauerndes. Sie werden verbraucht oder verfallen und werden wieder durch neue Wertschöpfungen ersetzt. In diesem volkswirtschaftlichen Prozeß ist eine kontinuierliche Wertsteigerung durchaus denkbar. Die verbrauchten oder verfallenen Waren und Dienstleistungen können durch höherwertige ersetzt werden. Dieser Prozeß hat auch in Friedenszeiten in den letzten beiden Jahrhunderten stattgefunden.

Die Wertsteigerungen werden durch den Einsatz von Technik möglich, wofür Kapital benötigt wird, das verzinst werden muß. Theoretisch ist es denkbar, daß die Verzinsung des Kapitals der Wertsteigerung entspricht, und so wird es auch allgemein gesehen. Trotzdem ist diese Vorstellung aber völlig irreal. Wie mit einem Taschenrechner leicht nachzurechnen ist, verzehnfacht sich ein mit 5% Zins und Zinseszins angelegter Pfennig etwa alle 47 Jahre. Ein zu Christi Geburt mit 5% Zins und Zinseszins angelegter Pfennig ergibt im Jahre 2000 einen Wert von etwa eine Million mal eine Milliarde mal eine Milliarde mal eine Milliarde mal eine Milliarde DM! Bei einer Verzinsung von nur 3% verzehntfacht sich der eingelegte Betrag alle 78 Jahre, was dann bis zum Jahre 2000 abgerundet einen Betrag von immer noch zehn Million mal eine Milliarde mal eine Milliarde DM ergibt.

Die von der Wirtschaft erzeugten Werte werden in Geld bewertet. Keineswegs ist dabei das Geld selbst der erwirtschaftete Wert, wenn das auch alle Welt zu glauben scheint. Der Wert ist die hergestellte Ware oder die erstellte Dienstleistung. Der Geldbesitzer hat noch keinen Wert in der Hand, sondern erst einen Anspruch auf Waren und Dienstleistungen in Höhe des Geldwertes, den er jederzeit einlösen kann.

Allerdings wird die Sache dadurch kompliziert, daß Geld nicht nur Bewertungsmaßstab für Waren und Dienstleistungen ist, sondern auch deren Herstellung auslöst. Mit jedem Kauf wird eine Produktion veranlaßt. Das gilt auch bei Lagerkäufen, bei denen eine Neuproduktion aber erst ausgelöst wird, wenn der Lagerbestand wieder aufgefüllt werden muß.

Werden durch eine Inflation Werte vernichtet? Keineswegs, zunächst wird nur der Bewertungsmaßstab verändert. Aber die Sache hat trotzdem darüber hinausgehende Auswirkungen, weil durch das inflationierte Geld andere Produktionsströme in Bewegung gesetzt werden, denn bei Inflation sinkt der Wechselkurs der eigenen Währung, wodurch der Export steigt und der Import zurückgeht. Es ist natürlich ein Unsinn, wenn bei einem Crash auf dem Aktienmarkt von gigantischen Wertvernichtungen gesprochen und geschrieben wird. Es werden nämlich keine Werte vernichtet, sondern nur Bewertungsmaßstäbe geändert. Trotzdem treten gravierende Folgen ein, denn die Bewertungen sind Kreditgrundlage, und die nach einem Kurssturz nicht mehr gesicherten Kredite müssen von den Banken zurückgefordert werden.

Geld wird nur gegen Zins ausgeliehen. Wie die beiden obigen Beispiele zeigen, kann aber die Verzinsung nicht erwirtschaftet werden. Die Folge ist eine zunehmende öffentliche und private Verschuldung, die dem Anwachsen des Kapitals auf der Seite der Geldverleiher entspricht. Sie hätte längst astronomische Höhen erreicht, wenn nicht periodisch Wirtschaftskrisen oder Kriege ausbrechen würden, nach denen wieder neu begonnen werden muß. Der letzte deutsche Neuanfang war die Währungsreform. Seither ist die öffentliche Verschuldung bereits wieder so sehr angestiegen, daß die Schulden des Bundes, der Länder und Gemeinden 2.300 Mrd. DM überschreiten. Wenn man 1000 DM Scheine dicht gepackt aufeinander stapelt - 10 Scheine pro Millimeter -, ergebe das einen Turm von 230 km Höhe! Die Schuldensumme verdoppelte sich seit 1950 etwa alle sieben Jahre.[1] Entsprechend stiegen die Ausgaben für Schulden im Bundeshaushalt von 1,7% 1950 auf 18,4% 1995.[2] Dabei handelt es sich um ein weltweites Problem, denn selbst in den beiden europäischen Musterländern, der Schweiz und den Niederlanden, verläuft die Entwicklung nicht anders.[3] Die Vereinigten Staaten scheinen ihre öffentliche Verschuldung in den Griff bekommen zu haben, dafür läuft aber ihre private Verschuldung aus dem Ruder. Es ist offensichtlich, daß die Gesamtverschuldung – ob öffentlich oder privat – in dem Maß wachsen muß wie die Kapitalverzinsung den echten Wertzuwachs übersteigt. Auf der einen Seite wächst das Kapital, auf der anderen die Verschuldung.[4] Hierüber ist viel nachgedacht und geschrieben worden, aber in der Regel ohne die Wurzel des Übels zu identifizieren: das Geldsystem. An diesem Unverständnis scheiterte die sozialistische Bewegung und an ihm wird früher oder später auch der gegenwärtig herrschende Neoliberalismus scheitern.

Es ist notwendig, das Geldwesen und das Wirtschaftsrecht so weiterzuentwickeln, daß einseitige Vorteilsnahmen verhindert werden und die notwendige Gegenseitigkeit aller Wirtschaftsvorgänge gesichert wird. Der freie Markt – so wie er jetzt verstanden wird – stellt nämlich keineswegs gleiche Bedingungen für alle her sondern begünstigt immer den, der mehr Geld einsetzen kann. Das wird im folgenden noch genauer ausgeführt und begründet. Es geht nicht darum, den freien Markt abzuschaffen, sondern – im Gegenteil – ihn überhaupt erst einmal herzustellen. Mit Gegenseitigkeit aller Wirtschaftsvorgänge ist gemeint, daß sich auf dem freien Markt nur wirtschaftliche Bewertungen geltend machen dürfen, keine Machtstrukturen. Diese Gegenseitigkeit ist wie die Freiheit ein Ergebnis menschlicher Kultur und nicht bereits durch das wirtschaftliche “laissez faire” gegeben. Sie muß durch eine Weiterentwicklung des Wirtschaftsrechts und des Geldwesens ermöglicht und geschützt werden. Ohne Wirtschaftsgesetze, die auch durchgesetzt werden, kann es ebensowenig einen freien Markt geben, wie es eine freie Gesellschaft ohne Rechtsordnung gibt. Auf dem deregulierten

Markt heutiger Prägung herrscht nicht Freiheit sondern das Recht des finanziell Stärkeren, der die anderen unterwirft.

Wirtschaftszusammenhänge sind keine unabänderlichen Fakten wie die Naturgesetze. Sie werden erst durch den Menschen hervorgebracht und werden darum auch von den menschlichen Vorstellungen bestimmt. Wie sie sich fortentwickeln, hängt entscheidend von den Gedanken ab, nach denen sie gestaltet oder nicht gestaltet werden. Recht und Freiheit sind nicht nur Voraussetzungen jeder Demokratie sondern auch wesentliche Grundlagen erfolgreichen Wirtschaftens. Auch die wirtschaftliche Freiheit ist ohne Recht nicht zu haben. Alle vertraglichen Vereinbarungen müssen durch das Recht geschützt und gesichert werden. Daß das Geld dabei der wesentliche Bestandteil des Wirtschaftsrechtes ist, wird nur von sehr wenigen gesehen. Weil das Geld sich aus Edelmetallmünzen entwickelt hat, wird es immer noch als Ware angesehen und behandelt, obwohl es längst nur noch Leistungsverrechnung zwischen den Wirtschaftsteilnehmern ist, die in der Regel bargeldlos durch Buchungsvorgänge abgewickelt wird. Das Geld steht vermittelnd zwischen allen Wirtschaftsvorgängen. Waren oder Dienstleistungen werden gegen Geld getauscht, dieses wieder gegen Waren oder Dienstleistungen. Geld ist nicht mehr selbst ein Wert sondern eine Wertforderung, also Recht.

Geld ist Recht, nicht Ware. Wird es als Ware behandelt, dann müssen sich Machtstrukturen bilden, weil Rechte gekauft werden können. Aus dieser insbesondere von dem Japaner Yoshito Otani entwickelten Geldauffassung lassen sich Vorschläge entwickeln, um die rechtliche Gleichheit der Wirtschaftspartner zu sichern. Die öffentliche und private Verschuldung kann so begrenzt werden, daß ein kulturelles und soziales Leben finanziert und zukünftige Wirtschaftskrisen beherrscht werden können.

Das Geldmonopol beherrscht den Markt

Die Volkswirtschaft ist keine objektiv außer dem Menschen bestehende Wirklichkeit, denn es gibt sie nur solange der Mensch sie hervorbringt. Weil man es hier mit dem handelnden Menschen zu tun hat, wirken Vorstellungen und Theorien, die man sich vom Wirtschaftsleben macht, immer auf die Wirtschaft zurück. Verspricht sich beispielsweise die Bevölkerungsmehrheit von einem Regierungswechsel einen Konjunkturaufschwung, dann wird es diesen in der Regel auch geben, ohne daß die Regierung etwas dafür tun muß. Wegen der positiven Erwartungen werden die Unternehmer mehr investieren und die Konsumenten mehr verbrauchen, was die Produktion auf Schwung bringt. Erwartet man schlechte Zeiten, dann tritt der gleiche Effekt in entgegengesetzter Richtung ein: Die Investitionen werden zurückgehalten und das Geld wird für die in Aussicht stehenden schlechten Zeiten gespart. In gleicher Weise wirken Anlagetips. Je größer die Agentur, die solche Anlageberatungen vertreibt, je richtiger sind ihre Prognosen. Die Kurse ziehen an, wenn sie ein Anziehen voraussagen, weil die genannten Aktien gekauft werden. Ebenso fallen sie bei schlechten Voraussagen. Das abstrakte mathematische Denken hilft bei dem Voraussehen wirtschaftlicher Entwicklungen nicht viel weiter, denn man muß die Interessen der Teilnehmer im Auge haben und ihre zukünftigen Entscheidungen vorweg nehmen. Hinzu kommt, daß jederzeit unvorhersehbare Entwicklungen eintreten können, auf die man möglichst ebenfalls vorbereitet sein sollte.

Was ist die Antriebskraft des Wirtschaftens? Ist es wirklich, wie allgemein angenommen, nur der persönliche Vorteil? Ist es möglich, daß das Wohl der Allgemeinheit tatsächlich am meisten gefördert wird, wenn jeder nur seinen persönlichen Vorteil verfolgt, wie es der wieder in Mode gekommene Liberalismus glaubt? Sind wirtschaftliche Entscheidungen überhaupt richtig, die nur vom eigenen Vorteil ausgehen? Oder ist es nicht so, daß erfolgreiche wirtschaftliche Entscheidungen immer voraussetzen, daß der andere, sei es als Kunde, Lieferant oder Mitarbeiter, mit berücksichtigt wird? Dient nicht jeder rein wirtschaftliche Vorgang immer beiden Seiten? An dem Kauf ist der Verkäufer doch genauso interessiert wie der Käufer, an der Produktion der Hersteller ebenso wie der Verbraucher.

Gegenseitigkeit ist das eigentliche Wirtschaftsprinzip. Das gilt bereits für den einfachsten wirtschaftlichen Vorgang, den Tausch. Er bringt beiden Seiten Vorteile, wenn er frei vereinbart wird. Ohne freie Vereinbarung ist es kein Tausch im eigentlichen Sinne sondern ein erzwungener Besitzwechsel. Der Wert der Gegenstände erhöht sich sogar durch den Tausch, obwohl nichts an ihnen verändert wird. Für den neuen Besitzer ist der eingetauschte Gegenstand wertvoller – weil er ihn braucht – als für den früheren, der ihn nicht benötigte.

Ist eine objektive Wertermittlung in der Wirtschaft überhaupt möglich, wenn jede Bewertung – wie das obige Beispiel deutlich zeigt – von der individuellen Situation abhängt? Wirtschaftsdaten können aber nur erfaßt werden, wenn man sie bewertet. Welchen Aussagewert hat dann aber beispielsweise ein Sinken oder Steigen des Bruttosozialprodukts? Das Leben kann immer wertloser werden obwohl das Bruttosozialprodukt wächst und umgekehrt.

Der Egoismus ist zweifellos ein wesentlicher wirtschaftlicher Antriebsmotor. Aber ist der Mensch damit erschöpft? Hat er nicht neben den egoistischen auch soziale Bedürfnisse und Interessen? Werden seine sozialen Bedürfnisse nicht befriedigt, weil er keine Anerkennung findet, keine Aufgabe hat oder nicht gebraucht wird, wird er doch genauso krank als wenn seine egoistischen Wünsche zu kurz kommen. Beide Seiten werden durch die Wirtschaft befriedigt: die egoistischen Bedürfnisse durch den Konsum und die sozialen Bedürfnisse durch Teilnahme an der Produktion von Waren oder Dienstleistungen. Die Arbeit wirkt sogar ausgesprochen sozial, denn sie ist immer auf den anderen hin orientiert. Erfolg kann auf Dauer nur haben, wer sich nach den Bedürfnissen seiner

Kunden oder Auftraggeber richtet. Bezahlte Arbeit wird immer für andere getan.

Gegenseitigkeit bestimmt auch die Beziehung zwischen Wirtschaft und Gesellschaft. Zu ihrem Gedeihen sind sie aufeinander angewiesen. Je fruchtbarer sich die Gesellschaft entwickelt, je besser gedeiht das Wirtschaftsleben und umgekehrt. Ein erfolgreiches Wirtschaften ist ohne eine gesicherte Rechtsordnung und ein gut ausgebautes Gesundheitswesen nicht möglich. Die wissenschaftliche und technische Ausbildung der Bevölkerung bestimmt das Volkseinkommen, denn von ihr hängt das technische Niveau, die Mechanisierung und Automatisierung der Industrie ab. Ein Automobilarbeiter in China verdient nur einen Bruchteil von dem, was ein die gleiche Arbeit ausführender Automobilarbeiter in Westeuropa verdient. Das gilt für so gut wie alle Berufe, ob Bauer oder Universitätsprofessor. Es gilt auch für Berufe, die gar keine finanziell aufwendige technische Ausstattung benötigen, wie z.B. Anwälte. Auch sie profitieren von dem erreichten technischen Niveau, weil dieses das allgemeine Verdienstniveau bestimmt, nach dem sich auch die Anwaltsgebühren richten.

Wie die Wirtschaft von der Gesellschaft ist diese von der Wirtschaft abhängig, weil nur sie in der Lage ist, die Mittel zur Finanzierung der gesellschaftlichen Aufgaben bereitzustellen. Man könnte die Gesellschaft mit einem Kraftfeld vergleichen, das von der Wirtschaft gespeist wird und wieder auf die Wirtschaft zurückwirkt.

Die beschriebene wirtschaftliche Gegenseitigkeit ist aber genauso wenig bereits durch den freien Markt gegeben wie die politische Freiheit bereits durch die Meinungsfreiheit gesichert wäre. Die Gegenseitigkeit muß erst vom Großkapital erkämpft werden, so wie die politische Freiheit zuerst in Frankreich und England von den absolutistisch herrschenden Königen durch die Gewaltenteilung in Gesetzgebung, Verwaltung und Rechtsprechung errungen wurde. Ohne ein durchdachtes Wirtschaftsrecht stellt der freie Markt keineswegs annähernd gleiche Bedingungen für alle Beteiligten her. Die Teilnehmer werden gezwungen, alle finanziellen Machtmittel einzusetzen und Abhängigkeiten auszunutzen, weil jeder nicht genutzte Vorteil sonst vom Konkurrenten wahrgenommen wird. Der Geldbesitzer ist auf dem bestehenden freien Markt immer im Vorteil. Er kann den Preis bis zu den Selbstkosten drücken und den Gewinn, der beiden Seiten zusteht, alleine vereinnahmen. Führt das aber nicht zu den niedrigsten Preisen, die doch nur zum Vorteil der Verbraucher sein können?

Der niedrigste Preis ist nicht unbedingt der für alle günstigste Preis, sondern der beste Preis ist der tauschgerechte Preis. Das läßt sich exemplarisch an der Lohnentwicklung im frühkapitalistischen England zeigen. Theoretisch hätte sich im freien Spiel von Angebot und Nachfrage auf dem Arbeitsmarkt der tauschgerechte Lohn herausbilden müssen. Tatsächlich bestand aber keine Tauschgerechtigkeit oder Gegenseitigkeit am Arbeitsmarkt, denn für die Arbeiter war das Annehmen der Arbeitsbedingungen eine Überlebensfrage, für die Unternehmer nicht. Daher bewegten sich die Löhne der Arbeiterschaft am Existenzminimum. Auch ein sozial gesonnener Unternehmer konnte die Notlage der Arbeiter nur geringfügig verbessern, weil er sonst mit den niedrigen Löhnen der anderen Unternehmer nicht hätte konkurrieren können. Nach der Theorie der freien Preisbildung am Arbeitsmarkt hätte eine Lohnerhöhung zu einem Ansteigen der Preise führen müssen und in der Folge zu einem unveränderten Gesamteinkommen, weil der Mehrverdienst durch die steigenden Preise verlorengeht. Real trat aber etwas anderes ein als sich die Arbeiter in Gewerkschaften zusammenschlossen und den freien Arbeitsmarkt durch Streiks aushebelten: Durch die höheren Löhne stiegen nicht nur die Preise der Industrieprodukte um die Lohnerhöhung an, sondern es verschob sich auch die Kaufkraft zwischen Arbeitern und Bürgern. Wenn beispielsweise die Arbeiterlöhne 20% des Volkseinkommens ausmachten und um 50% anstiegen, dann erhöhten sich die Preise im Durchschnitt aller Waren um 10%. Die Arbeiter hatten also einen Mehrverdienst von 50% und einen Kaufkraftverlust von 10%, insgesamt also eine Reallohnerhöhung um 40%. Die übrige Bevölkerung hatte eine reale Einkommenskürzung um 10%. Da aber die Umschlagsgeschwindigkeit des Geldes in der ärmsten Schicht am größten ist, weil alle Einnahmen unmittelbar in den Verbrauch gehen, wurde die Produktion durch die Einkommensverschiebung stark angeregt. Das Geld wurde von der Arbeiterschicht viel schneller und vollständiger ausgegeben als von der Bürgerschicht. Tatsächlich wurde der freie Arbeitsmarkt durch die mit den Gewerkschaften ausgehandelten Tarifverträge auch gar nicht ausgehebelt, sondern im Gegenteil überhaupt erst hergestellt, weil nämlich die vorher vorhandene Übervorteilung der Arbeiter beseitigt wurde, was dann im Ergebnis sogar zum Vorteil beider Seiten war; nicht nur die Arbeiter verdienten mehr, auch die Unternehmer konnten mehr umsetzen.

Die Neoliberalen wenden sich gegen das Gewerkschaftsmonopol, weil dieses den freien Arbeitsmarkt außer Kraft setze. Was von ihnen aber übersehen wird, ist das Geldmonopol, auf das im folgenden Kapitel näher eingegangen wird, das ohne Gewerkschaften den Arbeitsmarkt bestimmt. Grundsätzlich kann man den Neoliberalen, z.B. Hayek, nur zustimmen, wenn sie gegen das Gewerkschaftsmonopol argumentieren[5] nur müßte einer Aufhebung des Gewerkschaftsmonopols eine Aufhebung des Geldmonopols vorangehen, von dem kein Bewußtsein vorhanden ist. Das Geldmonopol besteht darin, daß ein einmal auf dem Markt errungener Vorteil durch den Einsatz des Geldes immer weiter ausgebaut werden kann, wenn nicht durch das Wirtschaftsrecht gegengesteuert wird, so daß ein exponentielles Vorteilswachstum einsetzt, das mit dem Monopol und der Ausschaltung des freien Marktes endet. Die periodisch auftretenden großen Wirtschaftskrisen werden vor allem durch einseitige, aus dem Geldmonopol entstehende Entwicklungen hervorgerufen. Durch die Kapitalkonzentration in immer größeren Zusammenhängen bilden sich Machtstrukturen. Die Gegenseitigkeit wird ausgeschaltet. Das deutsche Wirtschaftswunder nach dem 2. Weltkrieg dürfte auch sehr wesentlich dadurch möglich geworden sein, daß durch die Währungsreform annähernd gleiche Ausgangsbedingungen für alle Beteiligten bestanden, wodurch für viele Jahre eine einseitige wirtschaftliche Machtausübung verhindert wurde. Das konnte sich nach der Wiedervereinigung in Ostdeutschland nicht wiederholen, weil eine eindeutige Überlegenheit der westdeutschen und eine dementsprechende Abhängigkeit der ostdeutschen Wirtschaft bestand.

Der freie Handel zwischen stärkeren und schwächeren Partnern stärkt nicht die Schwächeren, sondern schwächt sie noch mehr. Das zeigt die wirtschaftliche Entwicklung, Im ärmsten Fünftel aller Länder vermindert sich die Armut nicht, sondern vergrößert sich ständig.

In den letzten beiden Jahrzehnten wurden die wirtschaftlichen Vorgaben durch deregulierte Märkte und globalen freien Kapitalverkehr so aufgebaut, daß alle Beteiligten gezwungen werden, ihre Geldmacht einzusetzen, womit das große Kapital immer im Wettbewerbsvorteil ist. Ehe die Märkte dereguliert und der Kapitalverkehr freigegeben wurden, hätte durch eine Weiterentwicklung des Geldsystems und des Wirtschaftsrechts dafür gesorgt werden müssen, daß dann auch ein wirklich freier Markt entstehen kann. Die früher bestehenden Marktregulierungen und die Begrenzungen des Kapitalverkehrs hatten sich ja aus der Notwendigkeit entwickelt, den wirtschaftlichen Machtmißbrauch einzuschränken. Nachdem die Märkte dereguliert und die Beschränkungen des Kapitalverkehrs aufgehoben wurden, setzte ein wirtschaftlicher Machtkampf ein, der zu immer größeren Fusionen zwingt und das Ende der freien Marktwirtschaft herbeiführen kann.

2. Vorschläge zur Auflösung des Geldmonopols

Die Ursache des Geldmonopols: Der Liquiditätsvorteil

Waren und Dienstleistungen können ohne Mühe getauscht werden, weil das Geld den Tausch vermittelt. Obwohl das Geld keinen eigenen Wert hat, jedenfalls das Papiergeld und das Buchgeld nicht, sondern nur einen Wert repräsentiert, nur einen rechtlichen Wertanspruch ausdrückt, ist es der alles beherrschende Faktor des Wirtschaftslebens, weil es bei allen Tauschvorgängen vermittelnd dazwischentritt. Überall schiebt sich ein Geldvorgang dazwischen, ohne den das arbeitsteilige Wirtschaftsleben nicht abgewickelt werden könnte. Geld wird gegen Waren oder Dienstleistungen getauscht, woraufhin der neue Geldbesitzer wiederum sein Geld gegen Leistungen tauscht und so fort.

Es scheint so, als wäre bei dem durch das Geld vermittelten Tauschvorgang, also zum Beispiel beim Kauf und Verkauf, die wirtschaftliche Gegenseitigkeit voll gegeben, denn beide Seiten haben ihren Vorteil. Schaut man genauer hin, dann sieht man aber, daß es sich anders verhält. Bei einem Kauf bietet der Verkäufer Ware an und der Käufer Geld. Der Käufer ist dabei im Vorteil und zwar aus zwei Gründen: Zum einen kann er mit dem Geld alle Arten von Waren oder Dienstleistungen erwerben. Das Geld repräsentiert gleichsam alles, während der Verkäufer nur eine bestimmte Ware oder Dienstleistung anbieten kann; auch das vielfältige Angebot eines Händlers ist gegenüber dem universal einsetzbaren Geld begrenzt. Zum anderen kann der Käufer sein Geld jederzeit einsetzen. Er muß nicht jetzt kaufen. Das Geld ist morgen genauso viel wert wie heute. Er kann abwarten, bis er ein günstigeres Angebot findet, während der Verkäufer mit seinem Angebot zeitlich befristet ist. Die Ware kann verderben oder unmodern werden. Meist erwirbt der Anbieter seinen Lebensunterhalt mit seinem Angebot, so daß er auch von daher gezwungen ist, jetzt zu verkaufen oder jetzt die Dienstleistung zu erbringen. Diese grundsätzlichen Geldvorteile können natürlich im Einzelfall aufgehoben werden. Bei einer hohen Inflationsrate muß der Käufer jetzt kaufen, sonst wäre der Verlust zu hoch. Bei einem zu geringen Angebot darf der Käufer nicht zögern, sonst erwirbt der nächste die Ware.

Ist aber nicht jeder Anbieter auch einmal Käufer? Dann hat er doch Gelegenheit, seinen Nachteil als Verkäufer wieder wett zu machen. Das ist richtig, er kann seinen Vorteil als Käufer aber erst nutzen, wenn er genügend Geld einsetzen kann. Solange er nur seinen laufenden Lebensunterhalt decken kann, ist sein Geldvorteil bedeutungslos. Anders sieht es bereits aus, wenn der Käufer ein kleines Vermögen hat, weil er, nachdem er seine Grundbedürfnisse gedeckt hat, seine Nachfrage zeitlich verschieben und ein günstigeres Angebot oder die Existenznot des Anbieters abwarten kann. Benötigt der Käufer die Ware sofort, kann er seinen Geldvorteil nicht realisieren. Er braucht einen Überschuß an Geld, um es so einsetzen zu können, daß er den Vorteil ausnutzen kann, indem er immer das günstigste Angebot abwartet. In dem günstigen Kauf kommt dann der Vorteil des Geldes zum Ausdruck. Der Käufer erhält für sein Geld eine bestimmte Leistung. Wenn er ein gewisses Kapital angesammelt hat und abwarten kann, dann kann er die gleiche Leistung billiger bekommen. Das Geld wächst mit der Zeit und der Menge im Wert. Die erste Million ist am schwersten zu verdienen. Danach geht es immer leichter. Durch diesen Vorteil des Geldes entsteht das Geldmonopol. Weil der Vorteil des Geldes darauf beruht, daß es flüssig ist und beliebig aufgehoben werden kann, ohne an Wert einzubüßen wie die Waren, spricht man vom Liquiditätsvorteil des Geldes. Dieser Liquiditätsvorteil wird mit Zinsen abgegolten, wenn das Geld verliehen wird. Der Darlehensgeber tritt also beim Verleihen seinen Liquiditätsvorteil an den Darlehensnehmer ab und erhält als Entschädigung Zinsen.[6] Der Kaufwert des Geldes bleibt ihm dabei erhalten, denn er hat ja eine Forderung in Höhe des ausgeliehenen Geldes, die in der Regel weitgehend abgesichert ist. Man kann den Zins daher als Liquiditätsverzichtsprämie bezeichnen.[7] Mit ihm wird der Vorteil des Geldes abgegolten Der Vorteil des Geldes wächst nicht nur linear an, sondern sogar exponentiell. Das wird an dem Zinseszinseffekt deutlich. Wer sein Geld verleiht, kann die Zinsen ebenfalls weiter verleihen und so von den Erträgen nochmals einen Ertrag beziehen. Sein Vermögen kann wie eine exponentielle Funktion anwachsen.

Die fehlende Tauschgerechtigkeit des Geldes ist seit Bestehen des Geldsystems[8] gesehen und erfahren worden. Die Reformen des athenischen Gesetzgebers Solon (594 v. Chr) zielten bereits darauf, die Auswirkungen der Zinsabhängigkeit abzumildern. Im Mittelalter war es den Christen untersagt, Zinsen zu erheben. Das Problem war damit aber nicht gelöst. Das Geld wurde von den jüdischen Kaufleuten geliehen. Im Islam gilt das Zinsverbot immer noch. Die Moslems dürfen sich aber an Firmen beteiligen.

Mit dem Aufkommen des Kapitalismus verschärfte sich die Geldabhängigkeit. Das führte zu den heftigen sozialen Auseinandersetzungen des 19. und 20. Jahrhunderts und zu verschiedenen Überlegungen und Programmen zur Lösung des Mehrwertproblems.

Marxistische Forderungen

Auch Karl Marx (1818-1883) versuchte das Geldproblem zu lösen. Er erkannte es aber nicht als solches, sondern sah in der Verfügung über den durch die Arbeit entstehenden Mehrwert die Ursache der Kapitalmacht. Er versuchte, die volkswirtschaftliche Theorie auf einer streng objektiven materialistischen Grundlage aufzubauen. Damit lassen sich aber Wirtschaftsphänomene nicht zutreffend beschreiben, weil im Wirtschaftsleben der subjektive Faktor, aus dem das Handeln entspringt und mit dem alles bewertet wird, eine entscheidende Rolle spielen.

Marx sah die Ursache für den Mehrwert allein im Produktivkapital und nicht im Leihkapital, weil nur durch das Produktivkapital ein echter Mehrwert erzeugt wird, in dem Güter produziert werden. Er forderte die Vergesellschaftung der Industrie, um die Abhängigkeit der Arbeiter von den Unternehmern zu beseitigen und ihnen einen Anteil am Mehrwert zu sichern. Dabei sah er nicht, daß die Bereicherung auf der einen Seite und die Verarmung auf der anderen durch das Geld selbst hervorgerufen wird, daß ein Geldbesitzer sich einen zusätzlichen Wert auch aneignen kann, wenn gar kein Mehrwert entsteht. Bei der Verzinsung jeder privaten Hypothek ist das bereits der Fall. Bei der Errichtung eines Gebäudes, das mit einer Hypothek finanziert wird, entsteht ein Wert, der dem Kaufpreis entspricht. Ein Mehrwert, der durch menschliche oder maschinelle Arbeit geschaffen wird, entsteht während der Laufzeit der Hypothek nicht.

Auch die übrigen von Marx entwickelten Wirtschaftstheorien waren nicht geeignet, das Wirtschaftsleben wirklich zu erfassen. Der Wert einer Ware bestand für ihn in der aufgespeicherten menschlichen Arbeit. Er klammerte die Abnehmer aus, die die Ware nach der Qualität und ihrem Bedarf subjektiv bewerteten. Den Wert der Arbeit wiederum maß Marx an den dafür aufgewendeten Lebensmitteln. Auch hier schloß er die nicht objektiv greifbaren, aber entscheidenden Qualitätsunterschiede aus. Edison brauchte wahrscheinlich weniger Lebensmittel als ein Ziegeleiarbeiter. Nach Marx müßte die Erfindung der Glühbirne also weniger wert sein, als die in der gleichen Zeit hergestellten Ziegelsteine. Den Wert des Geldes sah Marx in den Produktionskosten des Goldes, weil damals das Geld noch goldgedeckt war. Auch hier übersah er den Markt, denn der Goldpreis wird nicht nur durch die Produktionskosten sondern vor allem durch den Bedarf bestimmt. Das wird an der Währungsumstellung vom Bimetallismus auf den Monometallismus deutlich, denn als im Verlaufe der siebziger Jahre des 19. Jahrhunderts Deutschland und Frankreich mit einer Vielzahl europäischer Staaten und dann 1879 auch die USA von einer Gold- und Silberwährung zu einer reinen Goldwährung wechselten, fiel der Silberpreis auf fast die Hälfte des Wertes.[9/10]

Ein Ansatz für die Lösung des Mehrwertproblems, der von Marx verworfen wurde, war von Pierre Joseph Proudhon (1809 - 1865) gefunden worden. Proudhon hatte erklärt, daß der Anbieter von Geld immer im Tauschvorteil sei. Wie ein König die Wege, so könne er den Tauschverkehr sperren und eine Abgabe erheben. Dadurch werde das Geld nicht zum Schlüssel, sondern zum Riegel des Marktes.[11] Damit beschrieb er den oben dargestellten Zusammenhang, daß der Geldanbieter den Kauf so lange hinauszögern kann, bis der Verkäufer mit dem Preis runtergeht und daß er durch das Verzögern des Kaufes den Geldfluß und damit die Wirtschaftstätigkeit unterbricht.

Marx kämpfte an der falschen Front, denn die Unternehmer, in denen er die ausbeutenden Kapitalisten sah, sind selbst zinsabhängig. Ernst Abbe (1840 - 1905), der Mitbegründer und spätere Alleinbesitzer der Zeisswerke in Jena und Stifter der Carl-Zeiss-Stiftung, die heute noch besteht, hat den wahren Zusammenhang folgendermaßen ausgesprochen:

"Der Pächter, der ein erpachtetes Gut bewirtschaftet, oder der Industrielle, der vorwiegend mit fremdem Geld arbeitet, ebenso auch der Betriebsleiter in irgendwelchen wirtschaftlichen Unternehmungen, die, wie z.B. die Direktoren der Aktiengesellschaften oder die leitenden Beamten der Staatsbetriebe, nur als Mandatare der Kapitalbesitzer fungieren, stehen als Arbeitstätige dem Kapital genauso gegenüber, wie ihre Arbeiter, weil sie ja den Zins nicht bekommen, den das Kapital verlangt, sondern mit den Arbeitern zusammen ihn aufzubringen helfen müssen. Die Sozialdemokratie beurteilt das Verhältnis von Kapital und Arbeit von dem ganz einseitigen Standpunkt des Klasseninteresses der Arbeiter im engeren Sinne, und sie kommt so dazu, den unpersönlichen Interessengegensatz von Kapital und Arbeit zu einem persönlichen Klassengegensatz zwischen Kapitalisten und Arbeitern zu stempeln."[12]

Marx sah dagegen in den Zinsen eine zu vernachlässigende Größe gegenüber dem Mehrwert, den die Unternehmer erzielen und nicht mit den Arbeitern teilen. Die Unternehmer investieren aber erst, wenn sie damit rechnen können, daß ihre Erträge die Zinsbelastung überschreiten. Das gilt auch für Unternehmer, die ihr Eigenkapital einsetzen, weil sie es ja sonst ohne Arbeit zinsgünstiger anlegen könnten. Von der Zinshöhe hängt es ab, ob die Unternehmer investieren und damit ihr Realkapital wächst.[13] Nach Marx müßte dagegen die Zinshöhe davon abhängen, welche Erträge die Unternehmen erzielen. Diese Theorie ist falsch, denn nicht die Geldgeber sind von den Unternehmern abhängig, damit sie ihnen den Mehrwert erwirtschaften, sondern die Unternehmer sind von ihnen abhängig, da sie das Kapital benötigen, um ihre Unternehmen führen zu können. Die Geldgeber sind in der Regel auch keine Unternehmer sondern Privatpersonen. Das kann man aus der Vermögensentwicklung in der Bundesrepublik nach dem Kriege ersehen. Der Anteil des Geldvermögens der privaten Haushalte stieg von 24 Mrd. DM oder 41% des Gesamtvermögens im Jahre 1950 auf 2.900 Mrd DM oder 60% des Gesamtvermögens im Jahre 1990. Dagegen sank der Anteil des Unternehmergeldvermögens von 34% im Jahre 1950 (20 Mrd. DM) auf 29% im Jahre 1990 (1.410 Mrd. DM).[14]

Der Kommunismus scheiterte letzlich an der falschen Analyse des Mehrwertes. Marx glaubte das Mehrwertproblem durch Enteignung der Unternehmer lösen zu können. Er suchte eine machtpolitische Lösung, weil er keine wirtschaftliche fand. Mit der Enteignung wurde die Unternehmerinitiative ausgeschaltet und durch staatliche Bürokratie ersetzt, was schließlich das ganze System zusammenbrechen ließ.

Das Freigeld Silvio Gesells

Silvio Gesell (1862 – 1930) fand die Lösung des Geldproblems, das Marx gar nicht sah. Gesell war ein erfolgreicher Kaufmann, der Problemlösungen intuitiv erfaßte. Er sah den Fehler im Geldsystem und publizierte praktische Vorschläge, wie man ihm abhelfen könnte, die er mit leidenschaftlicher Überzeugung vortrug. Er konnte seine Ideen aber nicht so theoretisch untermauern, daß er damit die Anerkennung der Wirtschaftswissenschaftler gefunden hätte. Dadurch fehlte seinen Gedanken letzlich die durchschlagende Kraft. Sie waren zu ungewöhnlich und widersprachen zu sehr den Denkgewohnheiten nach fast drei Jahrtausenden Geldgeschichte, als daß sie hätten aufgenommen werden können. Es dauerte über vier Jahrzehnte bis sie Anfang der dreißiger Jahre die Unterstützung des amerikanischen Wirtschaftsprofessors Irving Fisher (1867 - 1947) fanden. Auch von John Maynard Keynes (1883 - 1946), der die Wirtschaftswissenschaft auf ein neues Fundament stellte, wurden die Ideen Gesells gewürdigt und anerkannt.[15]

In der Zeit als Gesell seine grundlegenden Gedanken entwickelte, das war 1891, lebte er als deutscher Kaufmann für zahnmedizinische Artikel, Hygiene- und Kinderartikel in Buenos Aires. Später gehörte ihm auch eine Kartonagenfabrik. Ab 1900 lebte er mit seiner Familie wieder in Europa, erst in Deutschland und ab Ende des Jahres 1900 in der Schweiz, wo er ein Landgut erwarb. Nach einem Zwischenspiel als Finanzminister der bayerischen Räterepublik (1919) durfte er nicht mehr in die Schweiz zurückkehren. Von Gesell ging die freiwirtschaftliche Bewegung aus.

Auslösend für seine Ideen waren durch Geldhortungen verursachte periodische Wirtschaftskrisen, die mit der damals noch gebräuchlichen goldgedeckten Währung zusammenhingen. Die Vereinigten Staaten hatten ab 1879 die volle Konvertibilität des Papiergeldes in Gold eingeführt. Etwas früher war bereits der Goldstandard in fast allen europäischen Staaten eingeführt worden. Das bewirkte in den Jahren von 1880 bis 1900 eine weltweite Deflation, weil die Goldproduktion mit dem Bedarf nicht Schritt halten konnte und der Goldwert und damit auch der Währungswert konstant stieg.[16] Die Deflation rief die Neigung zum Geldhorten hervor, weil das Geld von Jahr zu Jahr im Wert gewann. Von 1873 bis 1896 sanken die Preise weltweit um mehr als 20%.[17] Die Geldhortung verstärkte sich bei jeder Krise, weil dann die Preise noch mehr fielen. Dadurch wurden die periodischen Wirtschaftsschwankungen, die auch mit den damals noch sehr ins Gewicht fallenden unterschiedlichen Ernteergebnissen zusammenhingen, zu Krisen verschärft. Eine Verbesserung trat erst ein, als die Goldförderung durch das Cyanidverfahren wesentlich gesteigert werden konnte.[18]

Gesell sah in dem Stocken des Geldumlaufs durch das Geldhorten die Krisenursache und suchte nach einem Mittel, den Geldumlauf so zu sichern, daß kein Geld zurückgehalten werden konnte. Er betrachtete das Geld als Ware, die gegen andere Waren getauscht wird. Dabei bemerkte er, daß die Geldware und die übrigen Waren sich nicht gleichwertig gegenüberstehen. Die Ware Geld ist im Tauschvorteil, weil sie weder rostet, noch verdirbt, noch veraltet. Obwohl Gesell in dem Geld eine Ware sah, wandte er sich gegen die Golddekkung des Geldes, weil ihm aus der Praxis klar war, daß das nur Störungen verursacht. Gesell verwarf darum die Goldwährung und trat für das Papiergeld ohne Golddeckung ein, heute eine Selbstverständlichkeit, damals ein Gedanke, der von den Wirtschaftswissenschaftlern auf das Schärfste verworfen wurde.

"Wir haben jedoch gesehen, wie wichtig das Vorhandensein eines allgemein akzeptierten Tauschmittels für das Funktionieren einer komplexen Gesellschaft ist. Geld kann diese Funktion nur dann erfüllen, wenn seine nominale Menge begrenzt ist. Jahrtausendelang bestand die einzige effektive Beschränkung in der Bindung von Geld an ein konkretes Wirtschaftsgut. Dadurch ließ sich das Preisgefüge verankern.

Abweichungen von dieser Bindung waren mit den Worten Irving Fishers im allgemeinen ein Fluch für das betroffene Land."[19]

Allerdings hatte Gesell bei seinem Papiergeldvorschlag eine Mengenbegrenzung vorgesehen. Sobald das Preisniveau anzieht, sollte kein weiteres Papiergeld ausgegeben werden. Gesell zog dann noch die weitere Konsequenz, für das Geld eine ebensolche Entwertung zu fordern wie sie der Ware anhängt. Er schlug ein sogenanntes Freigeld vor, das wöchentlich mit Marken im Wert von 1‰ des Wertes beklebt werden muß.[20] Die beklebten Scheine müssen dann zum Jahresende gegen neue Scheine ausgetauscht werden. Jährlich würden also die Scheine um 5,2% entwertet (52 x 1‰). Dieses Geld würde nicht gehortet, weil man jede Woche ein Promille einbüßen würde. Es würde auch ohne Zins zum Verleihen angeboten, wenn man nach Ablauf der vereinbarten Frist den vollen Wert zurückbezahlt bekäme. Die Marken, mit denen das Geld zu bekleben wäre, müßten bei den Banken erworben werden. Die Einnahmen aus dem Markenverkauf flössen an die Notenbank zurück (bei Gesell das "Reichswährungsamt"), die auch für die Geldausgabe zuständig wäre.

Weil jährlich 5,2% des Geldes über die Gebühren eingezogen würde, müßte die gleiche Summe auch wieder ausgegeben werden. Hinzu käme die durch Wirtschaftswachstum bedingte Geldmengenausweitung. Die Geldausgabe dachte sich Gesell so, daß die Notenbank die Scheine an die Regierung übergibt, die sie wie eine Steuereinnahme behandelt. Die Notenbank hätte dann die Möglichkeit, die Geldmenge genau nach Bedarf zu steuern. Sobald die Preise sinken, würde sie neues Geld ausgeben. Eine Geldreduzierung bei steigenden Preisen wäre nicht notwendig, weil die Stempelung für eine kontinuierliche Reduzierung sorgen würde.[21]

Die Gedanken Gesells widersprachen völlig den klassischen nationalökonomischen Vorstellungen, die davon ausgingen, daß gespartes Geld geradeso Güter und Dienstleistungen kauft wie ausgegebenes Geld:

“Das gesamte Einkommen eines Menschen wird für den Kauf von Dienstleistungen und Gütern ausgegeben. Man sagt zwar gemeinhin, daß ein Mensch einen Teil seines Einkommens verbraucht und einen erspart, aber es ist ein bekannter wirtschaftlicher Satz, daß ein Mensch mit dem Teil seines Einkommens, den er erspart, gerade so viel Dienstleistungen oder Güter kauft, wie mit dem, den er verbraucht. Man sagt, daß er verbraucht, wenn er zeitliche Befriedigung von den Dienstleistungen und Gütern zu erhalten sucht, die er kauft. Man sagt, daß er spart, wenn er veranlaßt, daß die Arbeit und Güter, die er kauft, der Erzeugung von Vermögen gewidmet wird, von dem er erwartet, daß es ihm in der Zukunft Genuß verschaffen werde.”[22]

Erst Keynes widerlegte die klassische Nationalökonomie, indem er nachwies, daß dieser Satz nur für die Vollbeschäftigung gilt.

Am Anfang der dreißiger Jahre unternahmen Anhänger Gesells verschiedene Schritte, die Massenarbeitslosigkeit durch die Ausgabe eines solchen Freigeldes zu bekämpfen. Am erfolgreichsten verlief ein Versuch in der Gemeinde Wörgl in Tirol. Wegen der grundsätzlichen Bedeutung dieses Versuches folgen nachstehend Beschreibungen des Verlaufes aus dem Buch von Gerhard Senft *Weder Kapitalismus noch Kommunismus. Silvio Gesell und das libertäre Modell der Freiwirtschaft.*[23]

“Am 5. Juli 1932 wurde im Rahmen einer Sitzung des Wörgler Wohlfahrtsausschusses das fertige Nothilfe-Programm präsentiert. Unterguggenbergers (der Bürgermeister der Gemeinde U.T.) Diagnose lautete wie folgt: “Langsamer Geldumlauf ist die Hauptursache der bestehenden Wirtschaftslähmung. Das Geld als Tauschmittel entgleitet immer mehr den Händen der schaffenden Menschen. . .” Aber: “Jede Geldstauung bewirkt Warenstauung und Arbeitslosigkeit. . .” Aus dieser Erkenntnis wurde die Therapie entwickelt:

"Das träge und langsam umlaufende Geld der Nationalbank muß im Bereich der Gemeinde Wörgl durch ein Umlaufmittel ersetzt werden, welches seiner Bestimmung als Tauschmittel besser nachkommen wird als das übliche Geld. Es sollen 'Arbeitsbestätigungen' in drei Nennwerten zu 1, 5 und 10 Schilling ausgegeben und in Umlauf gesetzt werden. . .Um das wirtschafliche Leben in der Gemeinde wieder aufwärtszubringen, sollen auch nach einem noch zu bestimmenden und aufzustellenden Plane öffentliche Arbeiten damit durchgeführt und bezahlt werden."[24] Die Vorschläge Guggenbergers sind, sowohl vom Wohlfahrtsausschuß als auch von allen im Gemeinderat vertretenen Parteien, einstimmig angenommen worden.

Unter Oberaufsicht von Gemeindebeauftragten wurde vom Wörgler Wohlfahrtsausschuß mit der Vorbereitung der Ausgabe von Arbeitsbestätigungen begonnen. Gedruckt wurden vorerst Scheine im 'Werte' von 32.000 Schilling. Der Schwundverlust des neuen Geldes ist mit 1% pro Monat festgelegt worden. Verwendet wurde nach dem Vorbild der deutschen Wära-Aktion das Klebemarkenverfahren, wobei der Gewinn aus dem Schwundverlust von der Gemeinde für einen 'Armenfonds' zur Verfügung gestellt wurde. Zur Deckung des Freigeldes wurden Wechsel und österreichisches Geld verwendet. Die Leiter der örtlichen Raiffeisen Spar- und Darlehenskasse sicherten in vollkommen unbürokratischer Weise ihre Unterstützung für das Freigeldprojekt zu. Die Bank verlangte keinerlei Gebühren im Zusammenhang mit den Arbeitsbestätigungen, so daß sämtliche Wechselgewinne (2% bei Rückwechslung von Freigeld in Schillingwährung) als 'Arbeitsbeschaffungsbeträge' in die Gemeindekasse fließen konnten. Die erste Ausgabe von Freigeld in Wörgl erfolgte am 31. Juli 1932 bei der Zahlung der Löhne und Gehälter der Gemeindebediensteten.

Für die zweite Hälfte des Jahres 1932 beschloß der Gemeinderat die Vergabe von Auftragsarbeiten im Ausmaß von etwa 100.000 Schilling. Die Auftragsvergabe bezog sich auf folgende Projekte: Straßenbau- und Instandhaltungsarbeiten;

Schaffung eines modernen Straßenbeleuchtungsnetzes und von Kanalanlagen; Bau einer Betonbrücke, einer Skisprungschanze, eines Waschhauses und einer Notstandsküche; Anlage von Parks im Ortsgebiet und von Wanderwegen in der Umgebung sowie Anlage eines Löschteichs; außerdem wurden umfassende Renovierungsarbeiten an öffentlichen Gebäuden in Wörgl geplant. Die Arbeitsaufträge wurden an entsprechende Unternehmen vergeben, wobei der Zahlungsverkehr ausschließlich mit Wörgler Arbeitsbestätigungen durchgeführt wurde.

Wider Erwarten ist das Freigeld auch von den ortsansässigen Kaufleuten anstandslos angenommen worden. Es ergab sich eine spürbare Umsatzbelebung, verbunden mit einer Erhöhung der Zahlungsfähigkeit bei den Gewerbetreibenden. Im zweiten Halbjahr 1932 konnten, dank des umlaufgesicherten Geldes, die Steuerrückstände an Gemeindeabgaben um 67,3% vermindert werden. Vereinzelt wurden sogar Steuervorauszahlungen geleistet. Die Finanzlage der Gemeinde Wörgl verbesserte sich so innerhalb kurzer Zeit erheblich. Dieser Umstand erlaubte die planmäßige, zeitgerechte Erledigung und Entlohnung der Auftragsarbeiten, obwohl - und das scheint besonders bemerkenswert - nie mehr als 12.600 Freigeldeinheiten [25] gleichzeitig im Umlauf gewesen sind. Das bedeutet, daß pro Wörgler Einwohner maximal drei Schilling im Umlauf waren. "In Österreich hielt damals die Nationalbank für die rund 6 Millionen Einwohner 914 Millionen im Jahresdurchschnitt im Verkehr, das sind pro Kopf 153 Schilling." [26] Interessant wird diese Zahl erst, wenn zusätzlich die entsprechenden Ziffern zur Entwicklung der Arbeitslosenrate herangezogen werden. Während in der Periode zwischen August 1932 und August 1933 in ganz Österreich die Zahl der Arbeitslosen von 468.000 auf 557.000 [27] - also um rund 20% - anstieg, wurde im selben Zeitraum im Bereich der Gemeinde Wörgl der Arbeitslosenanteil um 25% gesenkt.

Die Erfolgsmeldungen im Zusammenhang mit dem Wörgler Freigeldexperiment erregten bald das Aufsehen auf nationaler und internationaler Ebene. Der bekannte Nationalökonom Irving Fisher entsandte seine Assistenten an den Ort des Geschehens, und der Schweizer Journalist Claude Bourdet hatte unter dem Titel "Neues Mekka der Volkswirtschaft - Wörgl oder das Schwundgeld" folgendes zu vermerken: "Ich habe Wörgl im August 1933 besucht, also genau ein Jahr nach Beginn des Experimentes. Man muß ganz unparteiisch anerkennen, daß das Ergebnis ans Wunderbare grenzt. Die früher für ihren grauenhaften Zustand verschrieenen Straßen gleichen jetzt Autostradas. Das Bürgermeisteramt, schön restauriert, ein reizendes Chalet mit blühenden Geranien. Eine neue Betonbrücke trägt die stolze Inschrift 'Erbaut mit Freigeld im Jahre 1933'. Überall sieht man die neuen modernen Straßenbeleuchter wie an der Silvio-Gesell-Straße. Die Arbeiter, die man auf den zahlreichen Baustellen trifft, sind samt und sonders fanatische Freigeldler. Ich bin in den Läden gewesen. Überall nimmt man die Arbeitsbestätigungsscheine zum gleichen Wert an wie das offizielle Geld. Die Preise sind nicht gestiegen. . ."[28]

Der Bekanntheitsgrad des Wörgler Experiments war bald so hoch, daß nach und nach Hunderte von Anfragen aus anderen österreichischen Gemeinden bei Unterguggenberger eintrafen. - Der Wörgler Bürgermeister reiste von Vortrag zu Vortrag im In- und auch ins Ausland. Die Tiroler Ortschaften Hopfgarten, Brixen und Westendorf sowie weitere 200 österreichische Gemeinden begannen 1933 mit der Vorbereitung für die Ausgabe von Freigeldscheinen. Bereits am 1. Jänner 1933 hatte sich Kirchbichl, die Nachbargemeinde von Wörgl, der Freigeldaktion angeschlossen. Für jeden der 3.000 Einwohner von Kirchbichl wurde Freigeld im 'Werte' von einem Schilling aufgelegt. Als erstes Projekt wurde ein kommunales Schwimmbad errichtet. Die Arbeitsbestätigungen sind auch im 'Zahlungsverkehr' zwischen den beiden Gemeinden problemlos umgelaufen.

Die Schwierigkeiten der Initiatoren der Wörgler Aktion entstanden erst ab jenem Zeitpunkt, als sich die Tiroler Landesregierung und die Bezirkshauptmannschaft Kufstein ernsthaft für den Freigeldversuch zu interessieren begannen. Bereits seit 22. Juli 1932 bestand diesbezüglich eine regelmäßige Korrespondenz zwischen Gemeindevertretern und den zuständigen Behörden auf Landes- und Bezirksebene. Zu Beginn des Jahres 1933 verlangte die Bezirkshauptmannschaft im Auftrag des österreichischen Bundeskanzleramts und der Landesregierung - unter Hinweisen auf die Amtsanmaßung der Gemeinde sowie auf deren Verstoß gegen das Notenbankprivileg - die Einstellung des Experiments. Es folgte eine Reihe von Berufungsverhandlungen und Verwaltungsbeschwerden; am 19. August 1933 reiste Bürgermeister Unterguggenberger mit einer Delegation nach Wien, um bei Minister Rintelen vorzusprechen. Jedoch sind alle Bemühungen fruchtlos geblieben. Am 15. September 1933 wurde das endgültige Verbot ausgesprochen, und sämtliche Arbeitsbestätigungen mußten aus dem Verkehr gezogen werden.

Die Verbotserlassung der Bezirkshauptmannschaft Kufstein, die von den Wörgler Gemeindevertretern auf dem Instanzenweg noch mehrfach angefochten worden ist, wurde zuletzt am 18. November 1933 vom Verwaltungsgerichtshof in Wien bestätigt. Nach dem gescheiterten Februaraufstand 1934 gegen das faschistische Dollfuß-Regime, an dem sich die Wörgler Arbeiter als einzige in West-Österreich beteiligten, ist Unterguggenberger als Bürgermeister abgesetzt worden.

Entsprechenden Versuchen in der Schweiz und in Frankreich erging es ähnlich. In Deutschland verhalf die 1929 gegründete Wära-Tauschgesellschaft dem Ort Schwanenkirchen mitten in der Krise zu einem wirtschaflichen Aufschwung. Sehr erfolgreich war eine im Juni 1931 gegründete Ulmer Tauschgesellschaft. Sie übernahm die “Wära” Tauschwährung als Zahlungsmittel. Die Umlaufsicherung gegen Hortung wurde wie in Wörgl durch Klebemarken erreicht. Schon kurze Zeit nach der Gründung waren 250 Unternehmen der

Tauschgesellschaft beigetreten. Sie bezahlten ihre Arbeiter mit Wära, die damit wieder einkaufen konnten.[29]

Diese Experimente fanden durch die Notgeldverordnung vom 30. Oktober 1931 ein Ende. Die Tauschgesellschaften stiegen daraufhin auf bargeldlose Zahlungsmethoden um und gründeten sogenannte Ausgleichskassen, die zwei Jahre erfolgreich weiterarbeiten konnten, bis 1933 und 1934 Banken und Reichsbank Einlagen verboten, über die nicht durch Barabhebung verfügt werden konnte.[30]

In den USA griff der bereits genannte Volkswirtschaftsprofessor der Yale Universität Irving Fisher die Gedanken Gesells auf. Das Urteil Fishers hat Gewicht. Milton Friedman, der Inaugurator des neuen Monetarismus und Neoliberalismus, bezeichnet ihn als "den besten Wirtschaftswissenschaftler, den die Vereinigten Staaten je hatten."[31] Fisher war auch ein Verfechter einer geldabhängigen Konjunkturtheorie und sah das besondere Verdienst Gesells in seinen Bemühungen um eine "Festwährung" und darin, daß er "anscheinend als erster das Problem der Beherrschung der Umlaufgeschwindigkeit zwecks Beeinflussung des Geldpreises (Kaufkraft des Geldes) berücksichtigt hat."[32]

Er propagierte die Gedanken Gesells in der Öffentlichkeit. Mehr als 500 Städte und Gemeinden waren in der Zeit der Depression Anfang der dreißiger Jahre an der Herausgabe eines schnell zirkulierenden Notgeldes interessiert. Darunter war auch Reading, eine Stadt im Staate Pennsylvania mit über 100.000 Einwohnern. Die Scheine waren bereits gedruckt und die Verwendung festgelegt, auch die Bevölkerung war auf die Herausgabe des Freigeldes vorbereitet. Zwei Tage vorher, am 4. März 1933, wurde Roosevelt amerikanischer Präsident. Eine seiner ersten Handlungen war die Banken zu schließen, ein Moratorium für alle Schuldenzahlungen zu verfügen und jede Initiative zur Herausgabe von Notengeld zu verbieten. Auch der Staat Oregon hatte sich an Fisher und seine Mitarbeiter gewandt, um 80 Millionen Dollar als Freigeld herauszugeben. Dean Acheson, der spätere Außenminister, vertrat damals den erkrankten amerikanischen Wirtschaftsminister, der um Genehmigung ersucht wurde. Weil Acheson sich nicht kompetent fühlte, stützte er seine Entscheidung auf den Harvard-Professor Russel Sprague, der den Versuch ablehnte, obwohl er von seiner Wirksamkeit überzeugt war, weil er zu einer Reform des amerikanischen Geldwesens führen könnte und damit wollte er nichts zu tun haben.[33] Damit war die bis heute einmalige Chance vertan, Konjunkturkrisen ohne Einschaltung des Staates durch eine Verbesserung des Geldsystems zu lösen. Es trat der New Deal in Kraft, womit, dem Zeittrend folgend, der Staat die Wirtschaft zu steuern begann.

Die Gedanken Gesells fielen auch bei John Maynard Keynes auf einen fruchtbaren Boden. Er schrieb:

“Jene Reformatoren, die in der Erzeugung künstlicher Durchhaltekosten des Geldes ein Heilmittel gesucht haben, zum Beispiel durch das Erfordernis periodischer Abstempelungen der gesetzlichen Zahlungsmittel zu vorgeschriebenen Gebühren, sind somit auf der richtigen Spur gewesen; und der praktische Wert ihrer Vorschläge verdient, erwogen zu werden.”[34]

Keynes sah den besonderen Beitrag Gesells zur Theorie des Geldes zum einen darin, daß er als erster “deutlich zwischen dem Zinsfuß und der Grenzleistungsfähigkeit des Kapitals unterscheidet”[35] und erkannte, daß nur investiert wird, wenn der durch die Investitionen erwirtschaftbare Gewinn über dem Zinsfuß liegt. Zum anderen habe Gesell erkannt, daß der Zinsfuß eine rein geldliche Erscheinung ist, die also nichts mit dem von den Unternehmen erwirtschafteten Mehrwert im Sinne von Karl Marx zu tun hat, sondern damit, daß das Geld im Gegensatz zur Ware nur geringe “Durchhaltekosten” verursacht.[36] Unter Durchhaltekosten verstand Keynes Kosten, die bei den Waren durch das Verderben entstehen. Beim Geld, das Keynes wie Gesell als Ware sieht, entstehen solche Kosten als Aufbewahrungskosten oder als Bankkosten. Keynes war überzeugt, “daß die Zukunft mehr vom Geist Gesells als von jenem von Marx lernen wird.”[37]

Allerdings sah Keynes in Gesells Gedanken eine Schwäche in der theoretischen Durchdringung. “Die Unvollständigkeit seiner Theorie ist zweifellos die Erklärung, warum sein Werk von der akademischen Welt vernachlässigt worden ist.”[38] Er machte auch Einwendungen gegenüber den praktischen Vorschlägen Gesells geltend:

“Der hinter dem gestempelten Geld liegende Gedanke ist gesund. Es ist in der Tat möglich, daß Mittel gefunden werden könnten, um ihn in bescheidenem Rahmen in der Wirklichkeit anzuwenden. Aber es bestehen viele Schwierigkeiten, auf die Gesell nicht gefaßt war. Insbesondere war er sich nicht bewußt, daß das Geld nicht einzigartig darin ist, daß ihm eine Liquiditätsprämie anhaftet, sondern in dieser Beziehung nur im Grad von vielen anderen Waren abweicht, und daß seine Bedeutung daher rührt, daß er eine größere Liquiditätsprämie als irgendeine andere Ware hat. Wenn den Banknoten somit durch das Stempelsystem ihre Liquiditätsprämie genommen würde, würde eine lange Reihe von Ersatzmitteln in ihre Fußstapfen treten - Bankgeld, täglich abrufbare Darlehen, ausländisches Geld, Juwelen und die Edelmetalle im allgemeinen und so weiter.”[39]

Die Behandlung des Geldes als Recht

Das Geld hat eine lange geschichtliche Entwicklung hinter sich. Sie führte vom Warengeld über das Zeichengeld zum Papiergeld und schließlich zum Buchgeld. Beim Warengeld war das Geld noch selbst der Wert, den es bezeichnete. Warengeld waren zum Beispiel Gold- und Silbermünzen. Beim Zeichengeld war der Wert des Warengeldes durch Legierungen vermindert. Es handelte sich um minderwertigere Münzen, deren aufgeprägter Wert aber durch die Gewalt des Herrschers aufrecht erhalten wurde, der alleine berechtigt war, Münzen zu prägen.

Das Papiergeld entstand am Ende des Mittelalters, als die damaligen Geldhäuser, die Vorläufer der Banken, Quittungen für eingezahlte Münzen ausstellten und diese Quittungen dann anstelle der Münzen als Geld verwendet wurden. Sie konnten jederzeit wieder gegen Münzen eingetauscht werden. Später übernahm der Staat das Notenmonopol und behielt sich das alleinige Recht vor, “Quittungen”, also Banknoten, auszustellen. Die vom Staat ausgestellten Noten waren in der Regel in einem bestimmten Verhältnis durch Gold gedeckt, was man Goldkernwährung nennt. Daneben gab es die Silberdeckung und den Bimetallismus, das heißt, die Deckung durch Gold und Silber, wobei Gold und Silber sich wertmäßig wie 16 : 1 verhielten. In den siebziger Jahren des 19. Jahrhunderts fand eine weltweite Währungsumstellung auf Goldkerndeckung statt. Die Silberdeckung blieb nur in China erhalten. Als Folge der Weltwirtschaftskrise wurde in den dreißiger Jahren in den meisten Ländern die Goldkerndeckung aufgehoben. China mußte auch die Silberdeckung aufgeben.[40] Nach dem 2. Weltkrieg blieb die Goldkerndeckung nur noch für den amerikanischen Dollar bestehen, der internationale Leitwährung wurde. Der Dollar war aber nur gegen Devisen in Gold einlösbar. 1971 mußte die Goldkerndeckung dann auch für den Dollar aufgegeben werden.

Das Geld hat also im Laufe seiner Geschichte Metamorphosen durchlaufen. Die Entwicklung führte von einem Warenwert zur Repräsentation eines Wertes. Das Geld ist heute längst kein Wert mehr, sondern es repräsentiert nur einen Wert, der erst real wird, wenn man das Geld einlöst, es also ausgibt. Seit es keine durch Edelmetall gedeckte Währung mehr gibt, ist deutlich, daß das Geld nicht mehr selbst ein Wert ist, sondern ein Wertanspruch auf Waren und Dienstleistungen des Geldbesitzers an die Wirtschaft. Es ist kein Besitz sondern ein Besitzanspruch; es ist noch kein Vermögen sondern ein Recht auf Vermögen. Wir bewegen uns ständig im Irrealen, wenn wir das vorhandene Geldvermögen bereits für das Vermögen selbst halten und nicht bemerken, daß es ein noch nicht eingelöster Anspruch auf Vermögen ist. Daß es sich so verhält, wird spätestens dann deutlich, wenn durch eine Inflation oder einen Kurssturz der Währung oder der Wertpapiere binnen kurzer Zeit das gesamte Geldvermögen entwertet wird. Reales Vermögen kann nicht über Nacht verschwinden, es sei denn durch Naturkatastrophen oder Kriege.

1978 erschien die deutsche Fassung des 1977 in Japan erschienenen Buches *Gendaishinwa no Houkai,* auf deutsch *Untergang eines Mythos.*[41] Der Verfasser, Yoshito Otani, analysiert den Kommunismus und Kapitalismus und kommt, offensichtlich unabhängig von Gesell, trotz eines anderen Ausgangspunktes zu ähnlichen Vorschlägen für eine Weiterentwicklung des Geldsystems. Dabei vermag Otani seine Vorschläge aus einem überzeugenden Gedankenzusammenhang zu entwickeln. Während die Wirtschaftswissenschaft in dem Geld immer noch eine Ware sieht, weil sich das heutige Papiergeld und Buchgeld aus der Ware, dem Gold und Silber, entwickelt hat - Banknoten waren bis zum ersten Weltkrieg in Gold einlösbar – und trotz Papier- und Buchgeld von den Produktionskosten von Liquidität spricht,[42] sieht Otani in dem Geld ein Tauschmittel, das auf Grund seiner Entstehungsgeschichte immer noch als Wertaufbewahrungsmittel benutzt wird, obwohl es längst keinen eigenen Wert mehr hat. Es wird als Privatbesitz behandelt, obwohl es nichts anderes ist als ein noch nicht eingelöster Rechtsanspruch.[43]

Die Geldmacht entsteht, weil der Wandel des Geldes von einer Ware zu einem Recht nicht realisiert wird, jedenfalls nicht so weit, daß er sich in der Rechts- und Geldordnung niedergeschlagen hätte. Das Geld wird immer noch weitgehend als ein dem Gold ähnlicher Wert gedacht und empfunden und nicht als ein Wertanspruch an die Wirtschaft. Weil das so ist, kann dieser Rechtsanspruch auch nicht dauerhaft gegen Inflation gesichert werden. Die Wirtschaft vollzieht sich durch Tauschvorgänge, die durch das Geld vermittelt werden. Wenn die Ware oder Dienstleistung gegen Geld getauscht wurde, und das Geld nicht ausgegeben wird, bleibt der Tauschvorgang in der Mitte stehen und der Wirtschaftskreislauf stockt. Das Geld darf darum für Otani kein Privatbesitz sein.

“Jeder hat das Recht, eine dem Geld entsprechende Warenmenge vom Markt abzuholen. Aber niemand sollte ein Besitzrecht auf das Geld selbst haben, weil es als Tauschmittel auf den Markt gehört.”[44]

“Das Geld muß eine Rechtseinrichtung sein, eine Repräsentation des Rechtes innerhalb der Wirtschaft, welche die Gegenseitigkeit der Wirtschaftspartner, d.h. die Gerechtigkeit schützt.”[45]

An den Ausführungen Otanis wird deutlich, daß jeder, der Geld in der Hand behält, es damit von der Nutzung durch die Gemeinschaft ausschließt. Dem will Otani begegnen, indem er eine Nutzungsgebühr vorschlägt, die jeder Geldbesitzer regelmäßig zu entrichten hat. Dazu soll ein einzurichtendes Währungsamt an einem Stichtag überraschend den Umtausch des Bargeldes aufrufen. Jeder erhält neues Geld, wobei eine Nutzungsgebühr abgezogen wird. An diesem Tag wird die gleiche Nutzungsgebühr dann auch von den Girokonten erhoben.

Um eine Übersicht über die umlaufende Geldmenge zu haben, müssen die Banken die Girokonten von den Kreditkonten trennen. Sie dürfen keine Kreditschöpfung durch kurzfristiges Ausleihen von Giralgeldbeständen vornehmen. Die Girokonten werden also wie Bargeld geführt und entsprechend mit der Gebühr belastet. Die Gebühr wird auch von den Sparkonten erhoben. Dabei bleibt es den Banken überlassen, den Kunden anzubieten, die Gebühr oder einen Teil der Gebühr zu tragen, um Spargelder zu erhalten. Weil das Geld eine Rechtseinrichtung ist, darf es auch niemals von irgendeiner Instanz wie der Notenbank oder der Regierung gegen Zins und Tilgung ausgegeben werden.

Auch in Bezug auf die Geldmengensteuerung entsprechen die Gedanken Otanis denen Gesells. Maßgebend für die Geldmenge ist das Durchschnittspreisniveau. Steigt dieses, muß die Geldmenge vermindert werden, sinkt es, wird die Geldmenge erweitert. Die Geldmengenverminderung kann durch eine Erhöhung der Mehrwertsteuer geschehen. Der zusätzlich abgeschöpfte Betrag wird an das Währungsamt übergeben. Soll dagegen die Geldmenge erweitert werden, übergibt das Währungsamt der Regierung einen entsprechenden Betrag zur Auszahlung. Die Vorschläge Otanis decken sich also im Ergebnis mit denen Gesells, wären aber wesentlich einfacher zu handhaben.

Während Otani in dem Geld einen Rechtsanspruch sieht, wird es von der Wirtschaftswissenschaft als Schuldtitel gesehen, was es auch einmal war, nämlich Schuldtitel für Edelmetall, in der Regel Gold. Seit die goldgedeckten Währungen aufgehoben worden sind, beschäftigt sich die Geldtheorie mit der Frage, wie der Wert des Geldes durch eine andere Schuld als Edelmetall gesichert werden kann. Die Frage ist aber, ob bei diesem Problem die realen Veränderungen mitvollzogen wurden, ob man nicht von falschen Voraussetzungen ausgeht, weil man nicht berücksichtigt, daß Geld für den Geldbesitzer inzwischen nichts anderes ist, als eine Forderung, die auf einem noch nicht zu Ende abgewickelten Tauschvorgang beruht. Diese Forderung wird in einem Währungswert ausgedrückt, der einer bestimmten Kaufkraft entspricht. Die Notenbank versorgt zwar die Wirtschaft mit Geld. Das bedeutet aber nicht, daß sie Geld produziert. Der Wert des Geldes entsteht nicht durch die Geldausgabe sondern durch die Wirtschaftsvorgänge. Bei der Bereitstellung von Geld handelt es sich um die Bereitstellung von Dokumenten für Rechtsvorgänge, die erst durch Wirtschaftsvorgänge Gültigkeit erhalten. Die Suche nach einem festen Wert, mit dem man die Währung verbinden will,[46] erübrigt sich, wenn es kein Besitzrecht für das Geld gibt, sondern für das, wofür das Geld steht, wenn das Geld nur ein Besitzrecht dokumentiert.

Gegenüber den aus der ursprünglichen Golddeckung abgeleiteten Geldtheorien besteht aller Grund zur Skepsis. 1923 war die Wirtschaftswissenschaft nicht in der Lage, die Ursache der deutschen Hyperinflation zu erklären (das Drucken von Geldscheinen). Eine Kommission, an der der berühmte John Maynard Keynes teilnahm, kam zu dem Schluß, eine Stabilisierung sei nur möglich, wenn zuvor das deutsche Zahlungsbilanzproblem und die Reparationsfrage gelöst sei. Ein knappes Jahr danach zeigte Hjalmar Schacht, daß eine Stabilisierung auch ohne Lösung dieser beiden Probleme möglich war. Bis 1959 war die Quantitätstheorie des Geldes (daß eine übermäßige Geldmengenausweitung zur Inflation führt) umstritten.[47] In der Gegenwart sieht es nicht besser aus. Sowohl der Massenarbeitslosigkeit als der Verschuldung der öffentlichen Hand steht man hilflos gegenüber. Die angegebenen Mittel helfen nicht, auch in den USA nicht, die von den Neoliberalen als Beweis für die Richtigkeit ihrer Theorien ins Feld geführt werden. Zwar gab es dort eine zehnjährige Dauerkonjunktur, bei der die Arbeitslosigkeit bis auf 5% zurückging. Aber für welchen Preis? 1995 verdienten 80% aller männlichen Angestellten und Arbeiter in den Vereinigten Staaten pro Arbeitsstunde real 11% weniger als 1973. Bei dem unteren Drittel der Einkommenspyramide lag der Schwund sogar bei 25%.[48] Zwischen 1979 und 1995 verloren 43 Millionen ihren Arbeitsplatz. Die meisten fanden zwar schnell eine neue Beschäftigung. Zwei Drittel von ihnen mußten sich aber mit niedrigeren Gehältern und schlechteren Arbeitsbedingungen abfinden.[49] Ein knappes Fünftel aller Beschäftigten arbeitet zu Löhnen unterhalb der Armutsgrenze. Zu noch wesentlich negativeren Zahlen kommt Jeremy Rifkin in seinem Buch „Das Ende der Arbeit“. Über Zeitverträge werden täglich 1,5 Millionen Arbeitskräfte amerikanischer Firmen vermittelt, deren Stundenlöhne nur bei 50% vergleichbarer Vollzeitkräfte liegen. 1993 arbeiteten mehr als 34 Millionen “auf Bedarf” – als Teilzeitbeschäftigte, als Gelegenheitsarbeiter oder freiberuflich.[50]

Genaue Steuerung der Geldmenge und Weitergabezwang für das Geld

Von der Wirtschaftswissenschaft wird in dem Zins meist nichts anderes gesehen als eine Preissteigerungsrate.[51] Dabei wird aber nicht beachtet, daß diese Preissteigerung nur durch Ausnutzen des Liquiditätsvorteils möglich ist. Was wissenschaftlich neutral nur eine Preissteigerungsrate ist, ist real eine laufend stattfindende gewaltige Vermögensumschichtung zu Gunsten der Geldbesitzer.

1993 erschien eine sorgfältig erarbeitete, gründlich recherchierte und allgemeinverständlich geschriebene Analyse des Geldsystems von Helmut Creutz (Neuauflage 2001).[52] Creutz setzt sich sehr detailliert, indem er eine Fülle von statistischem Material auswertet, mit der Zinsentwicklung, der Auswirkung des Zinseszinses und der durch den Zinsfluß stattfindenden Vermögensumschichtung auseinander. Bezogen auf das Volkseinkommen lagen die Bruttozinskosten 1997 bei 34%, bezogen auf das verfügbare Einkommen bei 40%.[53] Die Zinsen werden nicht nur direkt entrichtet, indem man für das überzogene Bankkonto oder die auf dem Haus lastenden Hypotheken Zinsen zahlt, sondern sie sind auch in den Preisen enthalten, denn die Unternehmen müssen ihr eingesetztes Kapital verzinsen, sei es, indem sie Zinsen an die Banken abführen, Erträge an die Aktionäre ausschütten oder ihren Eigenkapitalzins einkalkulieren. Die vom Endverbraucher erworbenen Waren haben in der Regel mehrere Fertigungsstufen durchlaufen, in denen immer Zinsanteile einkalkuliert sind. Diese Zinsanteile fließen über den Umsatz zu den Unternehmen und von dort über die Banken zu den Kapitaleignern.

Wenn das Kapital jetzt so breit gestreut wäre, daß der Durchschnitt der Bevölkerung auch einen dem Durchschnitt entsprechenden Anteil seines Einkommens aus Zinserträgen beziehen würde, würden sich durch die Zinserträge keine ins Gewicht fallenden Einkommensumschichtungen ergeben. Das ist aber nicht der Fall, sondern durch die Vermögensunterschiede am Ausgangspunkt der Entwicklung nach der Währungsreform und die seither erfolgten Vermögensumschichtungen haben sich inzwischen auch in Deutschland wieder Milliardenvermögen gebildet, die immer weiter wachsen, weil ihre Zinserträge von den Eigentümern nicht mehr ausgegeben, sondern wieder neu angelegt werden. Es tritt der Zinseszinseffekt ein: 1Mio. DM bringen bei 6% Zinsen, wenn die Zinsen nicht erneut angelegt werden, in 10 Jahren einen Ertrag von 600.000 DM, in 20 Jahren von 1,2 Mio. DM. Werden die Zinsen jährlich neu angelegt, ist der Ertrag nach 10 Jahren 790.847 DM und nach 20 Jahren 2.207.134 DM. Vermögen in dieser Größenordnung werden allerdings nicht für 6% sondern wesentlich ertragreicher angelegt.

Nach Creutz entwickelten sich die gesamten Geldvermögen und Schulden in Westdeutschland wie folgt:

	Geldvermögen	**Schulden**
1950	59 Mrd. DM	66 Mrd. DM
1960	337 Mrd. DM	303 Mrd. DM
1970	926 Mrd. DM	852 Mrd. DM
1980	2.390 Mrd. DM	2.327 Mrd. DM
1990	4.825 Mrd. DM	4.325 Mrd. DM
1998	9.492 Mrd. DM	9.902 Mrd. DM [54]

Diese Zahlen sind nicht inflationsbereinigt. Die Kaufkraft einer Mark sank von 1950 bis 1998 auf 20 Pfg.[55] In heutige Kaufkraft umgerechnet war der Ausgangspunkt nicht 59 Mrd. DM sondern 295 Mrd. DM (59 : 0,20).

Nach Creutz gibt es in Deutschland keine Statistik über die Aufteilung der Vermögen. Bereits 1992 befanden sich 150 Mrd. DM in den Händen von nur 300 Haushalten, im Schnitt also 500 Mio. DM pro Haushalt. Unter diesen gab es aber nochmals große Unterschiede, denn die Spitzenreiter lagen bei 4 bis 6 Mrd. DM pro Haushalt.[56] Die gegenwärtigen Zahlen sind sicher noch krasser, weil der Trend sich bei dem bestehenden Geldsystem unaufhaltsam verstärkt. 1978 entfielen 23% der verfügbaren Einkommen in Westdeutschland auf Zinsen und Gewinne. 1994 waren es bereits 33%.[57] In den USA, dem wirtschaftspolitischen Leitbild, hat sich die Kapitalkonzentration inzwischen so weit entwickelt, daß die wirtschaftliche Macht in den Händen von 0,5% der Bevölkerung liegt. Ihnen gehören 37,4% aller Aktien und Wertpapiere und 56,2% aller privaten Geldvermögen.[58]

Während im Bundestag über die Steuersätze von Klein- und Großverdienern diskutiert wird, finden gleichzeitig leistungslose Vermögensumverteilungen größten Stiles statt, von denen man entweder gar nichts weiß oder die man als die unvermeidliche Seite unseres erfolgreichen Wirtschaftssystems unbewegt zur Kenntnis nimmt. Es wäre eine Zumutung, wenn man von jemandem verlangen würde, er möge 30% seiner Arbeitszeit[59] kostenlos für die vermögendste Schicht arbeiten. Das ist aber die (durchschnittliche) Realität für jeden, der über kein nennenswertes eigenes Vermögen verfügt, um selbst Zinsen zu beziehen. Er leistet diesen unbezahlten Dienst durch seine indirekten Zinszahlungen über seine Einkäufe, die Steuern, die Miete oder die direkten Hypothekenzinsen für sein Eigenheim. 1983 traf das bereits für über die Hälfte der deutschen Bevölkerung zu, denn nur 4% des gesamten Geldvermögens befand sich in ihren Händen.[60] Aber auch die Vermögenderen arbeiten solange für die Reicheren mit, als sie nicht 40% ihres Einkommens aus Zinseinkünften beziehen.

Die Zinseinkünfte werden von der Wirtschaftswissenchaft damit begründet, daß der Wert des Volksvermögens durch Produktivitätssteigerungen wächst und der Geldbesitzer an dieser Wertsteigerung teilnimmt, denn Geld sei nichts anderes als Anteilsbesitz am Volksvermögen. Folgt man dagegen Otani, und so sieht das auch Creutz, dann ist Geld noch kein Besitz, sondern eine Forderung an die Volkswirtschaft. Es ist berechtigt, daß eine Forderung nicht an Wert verliert, sie also gegen die Inflation abgesichert werden muß, aber nicht, daß sie sich im Wert erhöht und der Schuldner dadurch in eine zunehmende Abhängigkeit vom Gläubiger gerät. Zinsen sind daher - soweit sie über der Inflationsrate liegen - eine systembedingte Privatsteuer. Durch Zinseinkünfte, die wieder angelegt werden, wird auch keine zusätzliche Kapitalbildung der Unternehmen ermöglicht, die konjunkturbelebend wirkt, weil, wie noch ausgeführt wird, das Kapital sich durch die Zinsabführung laufend vermindert.

Creutz macht zwei Vorschläge, um den Geldwert zu stabilisieren und die Zinsen zu senken: Zum einen greift er den Vorschlag Otanis auf und fordert, daß die Banken präzise zwischen Geld- und Guthabenbeständen unterscheiden. Geldbestände sind die Giralgelder. Sie sollten wie Bargeld auf den Girokonten geführt werden. Die Banken dürften nicht über sie verfügen. Dagegen sind Guthabenbestände Geldbestände, die von den Kunden freigegeben wurden und von der Bank verliehen werden dürfen. Mit dieser Trennung soll erreicht werden, daß die Bundesbank eine genaue Kontrolle der umlaufenden Geldmenge hat, die nur aus dem Giralgeld und dem Bargeld besteht. Diese hat sie jetzt nicht, weil die Banken Kredite aus Giralgeldern vergeben dürfen und die Giralgelder daher sowohl Guthaben- als auch Geldbestände sind. Wenn die genaue Geldmenge bekannt ist, läßt sich der Geldwert bei steigenden Preisen stabilisieren, indem die Geldmenge reduziert wird. Dazu müßte der Staat in solchen Fällen zum Zwangsverkauf von Notenbankbriefen verpflichtet werden. Sinken die Preise, würde die Bundesbank die Geldmenge erhöhen, indem sie Gelder an den Staat ausschüttet wie sie heute ihre Überschüsse an den Staat abführt.

Creutz sieht wie Otani in dem umlaufenden Geld eine Einrichtung des öffentlichen Lebens, die Eigentum vermittelt, aber nicht selbst Privateigentum sein darf. Der gesetzlich festgelegte Annahmezwang des Geldes müsse durch einen entsprechenden Weitergabezwang ergänzt werden, um zu verhindern, daß die Nachfrage durch Geldhorten blockiert werden kann. Creutz weist anhand der Ausweitung des Bargeldvolumens und der Ausgabe von 1000 - DM - Scheinen nach, daß das Horten von Bargeld eine große Rolle spielt, nämlich immer in Niedrigzinsphasen.[61] Für das Bargeld läßt sich das Horten verhindern, wenn man bestimmte Scheine periodisch für ungültig erklärt und umtauschen läßt, wobei eine Abgabe erhoben wird. Für die Giralgeldbestände schlägt Creutz eine Rückhaltegebühr vor, damit die Bankkunden die Giralgelder zum Verleihen freigeben. Mit diesen Maßnahmen soll erreicht werden, daß immer ein ausreichendes Geldangebot vorhanden ist, um den Zinssatz zu drücken. Im Gegensatz zu Otani nimmt Creutz die Sparkonten von der Rückhaltegebühr aus.

Mit Bankabgaben belastetes Giralgeld

Anfang der achtziger Jahre wurden die Gedanken Gesells unter anderen von Dieter Suhr (1939 - 1990) aufgegriffen und weiterentwickelt.[62] Suhr wies darauf hin, daß sich die Währungsverhältnisse seit Gesells Analyse grundlegend gewandelt haben. In Zeiten einer relativ hohen Inflation spiele das Geldhorten keine entscheidende Rolle mehr. Die Erkenntnisse Gesells seien aber richtig, und der Mangel des Geldsystems träte heute an einer anderen Stelle auf. Das würde deutlich, wenn man die Funktion der Nachfrage ins Auge fasse, die mit dem Geld verknüpft sei. Durch die Zinsströme würde Geld umgelagert. In den Händen derjenigen, die Zinsen zahlen, sei das Geld nachfragewirksam, denn sie haben Bedarf, sonst bräuchten sie kein Geld zu leihen. In den Händen derjenigen, die die Zinsen erhalten, sei das nicht der Fall, denn wenn sie Geld bräuchten, würden sie es nicht verleihen können. Hier läge die Ursache der Arbeitslosigkeit; durch die Zinsströme würde dem Geld Nachfragewirksamkeit genommen. Es flösse von denjenigen, die es brauchen, zu denjenigen, die es nicht brauchen und nicht ausgeben, sondern zinsgünstig anlegen, wodurch die Nachfrage zurückginge. An dem neuen Monetarismus Milton Friedmans kritisierte Suhr, daß er zwar eine genaue Geldmengentheorie liefere, aber das Geld ausschließlich als Vermögensgegenstand im Sinne der Wertspeicherung betrachte und gerade den entscheidenden Punkt der mit dem Geld verbundenen Nachfrage ausklammere:[63]

"Es ist doch ganz logisch, daß die Gelder, die an die *freiwillig* arbeitslosen Kapitalrentner gezahlt werden, nicht mehr da sind, um die *unfreiwillig* arbeitslosen Sozialrentner statt mit mäßigem Arbeitslosengeld oder Sozialhilfe wieder mit satten Löhnen zu bezahlen, die auch wirklich als Nachfrage nach Lebensgütern auf den Warenmarkt kommen, statt mit der Nachfrage nach neuen Zinsen auf den Kapitalmarkt. Und für die Arbeitslosenversicherung kommen wiederum diejenigen auf, die arbeiten oder gearbeitet haben, nicht auch diejenigen, die Einkommen aus fremder Arbeit beziehen: Was hat der Empfänger von Zinseinkommen auch für Gründe zur Solidarität mit den Arbeitenden oder sogar mit unfreiwillig Arbeitslosen? Er lebt ja nur auf ihre Kosten."[64]

Suhr weist die Kritik von Keynes an Gesell in Bezug auf die Realisierbarkeit seiner Vorschläge zurück. Wenn das Geld bei einer Verwirklichung von Gesells Vorschlägen in Edelmetallen, Edelsteinen oder Grundstücken angelegt würde, bliebe die umlaufende Geldmenge unverändert. Durch diese Anlagen würde kein Geld gehortet werden, denn es wechselt nur den Besitzer. Derjenige, der die Edelsteine verkaufe, gäbe es weiter. Das gleiche gelte, wenn das Geld in ausländischer Währung oder in Darlehen angelegt würde. Auch die Flucht in Bankgeld, also Geld auf Girokonten, könnte nur begrenzt vor Entwertung schützen, denn die Bank müßte ja jederzeit das Bargeld vorhalten und hätte dafür Kosten zu tragen, die sie weiterbelasten müßte.[65]

Statt das Geld mit "Durchhaltekosten" durch Abstempeln oder das Aufkleben von Marken zu belasten, schlug Suhr vor, daß die Notenbank eine bestimmte Menge Giralgeld als gesetzliches Zahlungsmittel ausgibt, das mit Durchhaltekosten in der Form von Bankabgaben belastet wird. Es wären dann zweierlei Geld in Umlauf: die Banknoten und Münzen und das mit Kosten belastete Giralgeld. Jeder würde jetzt versuchen, aus dem "heißen" Giralgeld auszusteigen und die besseren Banknoten zu erhalten. Er würde möglichst alle Zahlungen mit Giralgeld durchführen. Folglich würde sich das Giralgeld im Geldverkehr durchsetzen. Dieses einfache Verfahren hätte die gleiche Wirkung wie der in der Durchführung umständliche Vorschlag Gesells.

Suhr entwickelt auch eine Möglichkeit, ein mit Liquiditätsabgaben belastetes Geld als Buchgeld der Geschäftsbanken auszugeben, mit dem alle Beteiligten wesentlich kostengünstiger arbeiten könnten, weil der Zinsstrom entfällt.[66]

Leider konnte Suhr mit seinen Erkenntnissen nicht durchdringen. Die Arbeitslosigkeit wurde zunächst durch kreditfinanzierte Konjunkturprogramme bekämpft. Das führte zu einer Verschuldung der öffentlichen Haushalte und überzeugte nicht, weil die Konjunkturprogramme immer wieder versandeten. Als ein Arbeitsplätze schaffendes Mittel wird in den Medien immer wieder die Senkung der Lohnnebenkosten genannt. Das hilft aber nur dem Export, der in Deutschland, dem weltweit zweitstärksten Exportland, keiner Förderung bedarf. Eine weitere Steigerung würde den Handelsbilanzüberschuß nur vergrößern. Zur Förderung des Inlandsumsätze ist eine Senkung der Lohnnebenkosten aber sinnlos, denn sie sind wettbewerbsneutral, weil alle Unternehmen gleichmäßig davon betroffen sind.

Von Unternehmerseite wird nicht nur über die hohen Lohnnebenkosten sondern auch immer wieder über die viel zu hohen Löhne und Gehälter geklagt. Hier gilt aber das gleiche Argument: Innerhalb Deutschlands sind Personalkosten im wesentlichen wettbewerbsneutral. Würde man sie tatsächlich senken, ginge nur die Nachfrage zurück und damit auch die Unternehmerumsätze. Trotz der gesenkten Personalkosten würden die Unternehmergewinne nicht steigen, weil die Unternehmen durch die Konkurrenz gezwungen würden, die eingesparten Personalkosten als Preissenkung an den Verbraucher weiterzugeben. Durch die Lohnsenkung würden insbesondere die Einkommen der unteren Bevölkerungsschichten zurückgehen. Diese sind aber volkswirtschaftlich hilfreicher als die oberen Einkommen, weil sie schneller in Nachfrage umgesetzt werden.

Kann das Arbeitslosenproblem überhaupt von der Kostenseite her gelöst werden? Die Situation ist im Grunde genommen absurd: Ein Teil der Bevölkerung arbeitet immer härter und intensiver[67], ein anderer, weltweit stetig wachsender Teil, ist vom Arbeitsprozeß ausgeschlossen. In der Gegenwart hat sich die höchste Produktivität seit Menschengedenken entwickelt, und doch wird es immer schwieriger, dringend notwendige Gemeinschaftsaufgaben anzugehen, weil die Mittel fehlen. Wie war es möglich, daß in vergangenen Jahrhunderten ohne Technik Kunstwerke, Dome und Städte errichtet werden konnten, von denen wir immer noch zehren?

Jeder Arbeitslose kostet die Gesellschaft nicht nur die Arbeitslosenunterstützung sondern auch die nicht von ihm erbrachte Arbeitsleistung von durchschnittlich vielleicht 90.000 DM im Jahr. Es wird gesagt, für ihre Arbeit sei kein Bedarf vorhanden. Aber stimmt das wirklich? Denn abgesehen vom Bedarf der Gesellschaft, der gar nicht erfüllt werden kann (Kindergärten, Schulen, Hochschulen, Krankenhäuser, Verkehrsanlagen usw.) könnte doch jeder Arbeitslose leicht einen persönlichen Bedarf in Höhe seines Verdienstes geltend machen, wenn er in den Arbeitsprozeß eingegliedert wäre. Damit wird das Problem deutlich, um das es eigentlich geht: Für die Arbeitslosen gibt es keine Möglichkeit, ihren Bedarf geltend zu machen, so daß er in Produktion umgesetzt werden kann. Ihnen fehlt das Geld, weil es sich dort befindet, wo der Bedarf bereits gedeckt ist.

Das bestehende Geldsystem erzeugt die Arbeitslosigkeit, weil durch den Zinsstrom ein kontinuierlicher Nachfragerückgang entsteht. Zinsen werden von denjenigen gezahlt, die Geld brauchen, bei denen das Geld also nachfragewirksam ist. Die Zinserträge erhalten dann diejenigen, die Geld verleihen können, deren Nachfrage also gedeckt ist. Nachfragewirksames Geld wird zu Wirtschaftsteilnehmern dirigiert, bei denen es weniger und schließlich gar nicht mehr für den Kauf von Waren und Dienstleistungen eingesetzt wird. Durch die Zinsumverteilung befindet sich das Geld in falscher Hand. Dem Geld fehlt der Bedarf, um Nachfrage auszulösen und der Nachfrage fehlt das Geld. Suhr spricht von konjunkturpolitischen Recycling-Problemen, die dadurch entstehen:

"Weil das derzeitige Geld nicht neutral wirkt, hat es zur Folge, daß monetäre Anwartschaften aufs Sozialprodukt in falsche Kassen fließen, wo sie sich typischerweise als entbehrliches (marginales) Vermögen niederschlagen, das wieder nur Zinsen und Renditen sucht, statt Waren und Dienstleistungen oder Kostbarkeiten nachzufragen. Wegen des langfristigen Nachfrageausfalls führt das u.a. zu *konjunkturpolitischen Recycling-Problemen*: Wie können die fehlgeleiteten Mittel wieder der Nachfrage von Letztverbrauchern zugeführt werden? Über Staatsverschuldung und Konsumentenkredite! Die freilich machen das Problem, das sie kurzfristig entschärfen, langfristig um so brisanter, weil die Nachfrage dieser Letztverbraucher durch den Zins mehr und mehr gebremst wird und weil diese Zinsen jene ordnungspolitisch unsinnigen Vermögensmassen nur noch weiter aufblasen, die den Nachfrageausfall verursachen und das Recycling-Problem auslösen."[68]

Selbst wenn die Zinserträge wieder ausgegeben werden, tritt bereits eine Verminderung der Nachfrage ein, weil die Besitzenden das Geld umsichtiger einsetzen können; sie können es zurückhalten und die günstigen Angebote abwarten. Sie verlangsamen die Umlaufgeschwindigkeit des Geldes und reduzieren damit die Produktion, weil jeder Kauf unmittelbar oder später eine Produktion auslöst. Ab einem gewissen Einkommen geben sie es aber gar nicht mehr aus, sondern entziehen es der Nachfrage. Sie legen es an. Zwar wird der Vermögenszuwachs der Wirtschaft wieder als Kredit zur Verfügung gestellt, jedenfalls zum größeren Teil, aber, wie im Folgenden erläutert, sinkt dabei die Umlaufgeschwindigkeit des Geldes - und damit die Nachfrage – erheblich, und der Zinsstrom erhöht sich weiter, so daß sich der Vorgang verstärkt.

Der Zinsstrom läßt die Geldvermögen wachsen und verursacht damit die Massenarbeitslosigkeit. Das den Vermögen zufließende Geld verlangsamt die Nachfrage oder wird ganz stillgelegt. Bei dem Zinsstrom geht es um eine riesige Summe, die sich kontinuierlich erhöht. 1998 betrugen die Zinseinnahmen der deutschen Banken 603 Mrd. DM.[69] Dazu kommen noch Zinserträge, die nicht über die Banken abgewickelt werden. Der jährliche Zinsstrom ist natürlich wesentlich höher als das Anwachsen der Geldvermögen.

Die Zinsen gehen zunächst als Erträge bei den Banken ein. Die Banken begleichen daraus ihre Bankkosten (Personalkosten, Risikoprämie usw.) und ihre Zinsaufwendungen. Diese Bankkosten fließen in den Wirtschaftskreislauf zurück und bleiben somit nachfragewirksam. Ihre Zinsaufwendungen zahlen die Banken an die Kapitalgeber aus, bei denen sie als Zinserträge eingehen. Der Rest geht in den Vermögenszuwachs der Banken oder wird als Dividende ausgeschüttet. Von den Kapitalgebern fließt dann ein Teil der Zinserträge indirekt über die Steuern als Nachfrage in die Wirtschaft zurück, und ein anderer Teil wird direkt ausgegeben. Der verbleibende Rest erst geht in den Vermögenszuwachs. Der entstandene Vermögenszuwachs bei den Geldgebern und den Banken vermindert die Nachfrage.

In welchem Maße die Nachfrage zurückgeht, hängt davon ab, wie lange das Geld auf den Aktien- und Devisenmärkten umläuft, ehe es wieder in die Wirtschaft zurückfließt. Das sich auf den Aktien- und Devisenmärkten betätigende Geld löst keine Produktionssvorgänge aus, jedenfalls nicht direkt. Wie hoch die dort umlaufende Geldmenge ist, weiß niemand. Zwar weiß man, daß weltweit täglich Billionen Dollarbeträge umgesetzt werden. Aber wie oft ist das umlaufende Geld dabei umgeschlagen worden? Wenn es täglich zweimal umgesetzt wird, sind die Billionensummen bereits halbiert. Irgendwann – wenn der "Kapitalist" Geld braucht oder seine Erben sich sein Vermögen auszahlen lassen, wenn über Fonds angesparte Renten ausgezahlt werden, wenn Lebensversicherungen fällig werden usw. - fließt das Geld in die Wirtschaft zurück und dient wieder zur Herstellung von Waren und Dienstleistungen. Sicher ist, daß der auf den Geldmärkten umlaufende Betrag sich kontinuierlich erhöht.

Die Zusammenhänge zwischen Vermögenserhöhung und Nachfragerückgang kann man sich so vergegenwärtigen:

Jährlicher Wirtschaftsumsatz		100%
Davon gehen unmittelbar wieder in die Nachfrage		67%
Zinsanteil (S. 38)	34%	
Von den Zinsen gehen wieder in die Nachfrage (geschätzt)		17%
Vermögenszuwachs (34% - 17%)	17%	
Vermögenszuwachs, der als Kredit in die Wirtschaft zurückfließt		8%
Summe der Nachfrage		92%

Bei dem obigen Beispiel ist unterstellt, daß bei einem Vermögenszuwachs um 17% die Hälfte der Wirtschaft wieder als Kredit zur Verfügung gestellt wird und dadurch wieder Nachfrage auslöst und 8% der Nachfrage ganz entzogen wird und Arbeitslosigkeit verursacht. Das ist sicher eher zu niedrig als zu hoch geschätzt. Man kommt bereits zu dem Ergebnis eines Nachfragerückganges um 8%, wenn man annimmt, daß der gesamte Vermögenszuwachs wieder in die Wirtschaft zurückfließt und sich bei dem Vorgang die Umlaufgeschwindigkeit des Geldes halbiert, weil dieser Vorgang Zeit für die Entscheidung und Abwicklung braucht. Tatsächlich geht aber ein Teil in die Geldmärkte und erhöht die dort umlaufende Summe.

Im Folgejahr müssen die 8%, die wieder als Kredit in die Wirtschaft zurückflossen, zusätzlich verzinst werden. Die Zinsbelastung erhöht sich bei einem Zinssatz von 6% entsprechend um = 0,5% auf 34,5%. Die Aufteilung sieht dann folgendermaßen aus:

Jährlicher Wirtschaftsumsatz		100,00%
Davon gehen unmittelbar in die Nachfrage		66,50%
Zinsanteil	34,5%	
Von den Zinsen gehen in die Nachfrage (wie Vorjahr)		17,00%
Vermögenszuwachs	17,5%	
Vermögenszuwachs, der als Kredit in die Wirtschaft zurückfließt		8,25%
Summe Nachfrage		91,75%

Bei dieser sehr vorsichtigen Rechnung geht wenigstens ein Viertel der Zinserträge der Nachfrage verloren. Dieser Satz erhöht sich langsam aber exponentiell.

In den fünfziger Jahren erhöhte sich das Geldvermögen in der Bundesrepublik Deutschland um 278 Mrd. DM oder ca 28 Mrd. DM jährlich, in den sechziger Jahren waren es bereits 59 Mrd. DM jährlich, in den siebziger Jahren 146 Mrd. DM, in den achtziger Jahren 244 Mrd. DM und von 1990 bis 1998 wuchsen die Vermögen um 4.667 Mrd. DM oder 583 Mrd. DM jährlich. In ähnlichen Relationen wuchsen auch die Verschuldungen. Natürlich entfällt nicht der gesamte Vermögenszuwachs auf die Zinszahlungen, sondern es wird ja auch Vermögen aus dem zinslosen Einkommen gespart, und es fließt ein Teil der Unternehmensgewinne in den Vermögenszuwachs.[70] Nach Angaben der Bundesbank stammt mehr als 80% des Geldvermögenszuwachses aus Zinsgewinnen.[71]

Würde die Zinszahlung entfallen, dann würde wenigstens ein Viertel vom zinsbedingten Vermögenszuwachs als Nachfrage wirksam werden und entsprechend zusätzliche Arbeitsplätze schaffen. Geht man davon aus, daß der jährliche Vermögenszuwachs zur Zeit 400 Mrd. DM beträgt und davon 2/3 auf die Zinseinnahmen entfallen, wovon ein Viertel der Nachfrage entzogen werden, dann ergibt sich ein Betrag von ca. 67 Mrd. DM.

Bei einem Bruttosozialprodukt von jährlich 90.000 DM pro Beschäftigten entsprächen die 67 Mrd. DM zusätzliche Nachfrage etwa 750.000 Arbeitsplätzen. Tatsächlich würden aber wesentlich mehr Arbeitsplätze entstehen. Aus dem Verhältnis vom Verbrauch zur Sparquote errechnet sich ein sogenannter Multiplikator[72], der angibt, um wieviel die Arbeitslosenzahl zurückgeht. Eine Sparquote von 20% wäre sicherlich sehr hoch angesetzt. Sie würde aber bereits einen Multiplikator von 4 ergeben. (Von 100 DM Einkommen würden 80 DM in die Nachfrage gehen, von diesen wieder 64 DM, davon wieder 51,20 DM usw. (80 + 64 + 51,20 + 40,96 + 32,77 + ... = 400). Bei einem Multiplikator von 4 entstehen dann 3.000.000 Arbeitsplätze.

Entscheidend ist insbesondere die Umschlagsgeschwindigkeit des Geldes. Sie dürfte bei den Verbrauchern bei zwei Wochen liegen, denn das Einkommen wird im Laufe von vier Wochen ausgegeben, das erste sofort, das letzte nach vier Wochen. Am höchsten dürfte sie beim Handel sein und am niedrigsten beim Vermögenszuwachs. Die Umschlagsgeschwindigkeit an den Börsen und Devisenmärkten spielt für diese Betrachtung keine Rolle, denn sie löst keine Produktion aus.

Der Zinsstrom wird in der Zukunft eine immer größere Rolle spielen, weil die Umstellung auf die kapitalintensive vollautomatisierte Fertigung erst an ihrem Anfang steht. Weltweit haben noch nicht einmal 5% der Unternehmen mit der Einführung entsprechender Technologien begonnen.[73] Die zu erwartende Massenarbeitslosigkeit "ungeahnten Ausmaßes"[74] wird von einem starken Ansteigen des Zinsstromes begleitet sein, da immer mehr Kapital in der Fertigung gebunden sein wird, das verzinst werden muß. Dieser Zinsstrom wird weitere Nachfrage abschöpfen, die Arbeitslosigkeit verstärken und Verarmung hervorrufen.

3. Vorschlag eines Kreditgeldes

Das Konzept eines rückzahlbaren Geldes

Mit dem Geld ist ein weiteres Problem verbunden: Geld erhält man immer, wenn man eine Arbeit geleistet oder eine Ware verkauft hat, vom geschenkten Geld einmal abgesehen. Das Geld entspricht dem, was man geleistet oder verkauft hat. Darum ist Geld nichts anderes als ein Rechtsanspruch. Dieser Rechtsanspruch ist aber so allgemein formuliert, daß er bei jedem eingelöst werden kann, der eine Leistung oder Ware anzubieten hat. Der Kunde oder Arbeitgeber, für den man gearbeitet hat, hat auch Rechtsansprüche. Von diesen überträgt er einem einen Teil, wenn er einem das Geld übergibt oder überweist. Die Arbeit geht also immer dem Geld voraus. Erst muß man gearbeitet haben, ehe man einen Anspruch auf Gegenleistung hat. Hierdurch entsteht das andere Geldproblem, denn wie kann man die Arbeitslosen wieder in den Wirtschaftsprozeß eingliedern, wenn kein Geld vorhanden ist? Die Lage ist paradox: Weil kein Geld vorhanden ist, können die Arbeitslosen nicht arbeiten. Wenn sie arbeiten würden, würden sie aber das Geld schaffen, das ihre dauerhafte Beschäftigung sichert, denn sie hätten ja dann einen Anspruch auf Gegenleistung für die von ihnen erbrachte Leistung.

Man hat sich seit der großen Weltwirtschaftskrise Anfang der dreißiger Jahre damit beholfen, die Arbeitslosigkeit zu bekämpfen, indem man öffentliche Aufgaben mit Krediten finanziert. Diese Möglichkeit besteht aber bei der gegenwärtigen Verschuldung der öffentlichen Hand nicht mehr, obwohl die Arbeitslosen sehr schnell höhere Werte schaffen könnten, als die für die Auslösung ihrer Arbeit benötigten Kredite.

Das Arbeitslosenproblem wird aber lösbar, wenn man ein Geld entwickelt, das wie ein unverzinstes Darlehen vor der Arbeit ausgegeben werden kann, weil es kontinuierlich an die Notenbank zurückfließt. Es könnte jede erwünschte Arbeit kreditieren. Es wäre kein dauerhafter sondern ein verfallender Rechtstitel, kein normales Geld sondern Kreditgeld. Dieses Kreditgeld wäre mit einer monatlichen Rückzahlungsverpflichtung verbunden. Diese Rückzahlungsverpflichtung behielte das Geld bei jedem neuen Besitzer an den es weitergereicht wird. Technisch ist das kein Problem, wenn es sich um reines Buchgeld handelt, von dem die Bank eine monatliche Rückzahlung abbuchen kann.

Das Kreditgeld würde von der Notenbank der öffentlichen Hand übergeben, um öffentliche Aufträge ausführen zu lassen. Von dem Geld könnten per Abbuchung monatlich 1% an die Notenbank zurückfließen. Dieser zurückfließende Geldstrom könnte der öffentlichen Hand erneut zur Verfügung gestellt werden.

Ehe die Einzelheiten dieses Geldes besprochen werden, soll zunächst das Verfahren erläutert werden. Angenommen, die Bundesregierung würde damit beginnen, einen Teil ihres Investitionshaushaltes über Kreditgeld abzuwickeln. Für ein bestimmtes Projekt, wie etwa Verkehrsanlagen in Berlin, würden z.B. 100 Mio. DM aus dem Programm genehmigt. Diese 100 Mio. DM würden jetzt sukzessive nach Baufortschritt als sogenannte Kreditgelder an die beteiligten Firmen ausgezahlt. Es wären besonders gekennzeichnete Gelder, die aber ansonsten ein dem übrigen Geld gleichgestelltes gesetzliches Zahlungsmittel wären. Die Banken hätten die Kreditgelder auf eigenen Konten zu führen mit der Verpflichtung, von diesen Geldern zum Monatsletzten einen gesetzlich festgelegten Betrag, z.B. 1%, einzubehalten und als Tilgung an die Bundesbank zu überweisen. Geben die Unternehmen dann die Kreditgelder an ihre Mitarbeiter als Lohn- und Gehaltszahlungen, an Zulieferanten oder an den Staat als Steuerzahlungen weiter, so müßten sie auch bei den Banken der Mitarbeiter, der Zulieferanten und des Staates als Kreditgelder geführt und entsprechend zum jeweiligen Monatsletzten mit 1% getilgt werden. Das würde auch für jede folgende Bewegung der Kreditgelder im Wirtschaftskreislauf gelten. Die von den Banken einbehaltene Tilgung würde monatlich eingezogen und sich immer auf die Beträge und Tage beziehen, an denen Kreditgeld auf dem Konto zur Verfügung stand.

In der folgenden Übersicht ist der Ablauf des ersten Monats schematisch dargestellt. Um das Verfahren besser verständlich zu machen, ist angenommen, daß die 100 Mio. DM bereits am Ersten des ersten Monats ausgegeben und auch weitergegeben werden.

Kreditgeldbewegungen in Mio. DM

Teilnehmer	1.	2.	3.	4.	5.	Tilgung	Bestand 31.d.M.
Notenbank	-100					+ 1,0	- 99,0
Stadt Berlin	+100	-100					0,0
A		+ 50	-50				0,0
B		+ 20				- 0,2	+ 19,8
C		+ 20				- 0,2	+ 19,8
D		+ 10				- 0,1	+ 9,9
E			+30	-30			0,0
F			+20			- 0,2	+ 19,8
G				+10	-10		0,0
H				+20		- 0,2	+ 19,8
I					+ 5	- 0,05	+ 4,95
J					+ 5	- 0,05	+ 4,95
Summe						0,0	0,0

Die Stadt Berlin erhält von der Notenbank ein Kreditgelddarlehen in Höhe von 100. Mio DM. Dieses zahlt sie an A, B, C und D aus. B, C und D lassen das Geld bis zum Monatsende auf dem Konto stehen. A gibt es weiter an E und F. Bei F bleibt es ebenfalls bis zum Monatsende auf dem Konto liegen. E gibt es weiter an G und H und von G geht es dann weiter an I und J. Zum Monatsletzten befinden sich die 100 Mio. DM auf den Konten von B, C, D, F, H, I und J, die alle 1% ihres Kontostandes an die Bundesbank entrichten, zusammen 1 Mio. DM.

Das Schaubild soll nur den Gedanken verdeutlichen; nicht die Wirklichkeit wiedergeben, denn diese ist natürlich viel komplexer. Im ersten Monat wird nur ein Bruchteil der Beträge bewegt; es sind wesentlich mehr Wirtschaftsteilnehmer beteiligt, und das Geld wird erst im Laufe des Monats ausgegeben und weitergegeben, so daß sich bei den Beteiligten im Laufe eines Monats stark schwankende Kontenstände ergeben, von denen 1% getilgt werden.

Wegen der Tilgung sind dann nach dem ersten Monat nur noch 99 Mio. DM auf den Konten, die dann wiederum als Zahlungen an die nächsten weitergeben werden. 1 Mio. DM sind schon wieder an die Bundesbank zurückgeflossen.

Die Restsumme, von der immer 1% abgebucht wird, vermindert sich von Monat zu Monat um 1%. Infolgedessen errechnet sich für das erste Jahr keine Tilgung von 12%, sondern eine solche von 11,36%. Im zweiten Jahr wären es 10,07%, im 5. Jahr nur noch 7,01%, im 10. Jahr 3,84% und im 20. Jahr 1,15% (vgl. die Tilgungsgeldtabelle im Anhang I). Nach 5 Jahren wären von dem Investitionsprogramm ca. 45% getilgt, nach 10 Jahren ca. 70% und nach 20 Jahren ca. 91%.

Kreditgeld dieser Art kann nahtlos in das bestehende Geldsystem eingegliedert werden. Es kann sorgfältig erprobt und dann schrittweise erweitert werden, so daß Erfahrungen gesammelt werden. Wenn Entwicklungsländer es einsetzen würden, um dringend notwendige Infrastrukturmaßnahmen zu finanzieren, könnten sie sich von der Abhängigkeit vom Internationalen Währungsfonds befreien.

Wie würde jetzt die Wirtschaft mit diesem Kreditgeld umgehen? - Weil von ihm immer ein Prozent zurückzuzahlen wäre, würde das Geld sehr schnell weitergegeben werden, denn jeder würde versuchen, die Tilgung zu vermeiden. Solange Kreditgeld vorhanden wäre, würden alle Zahlungen mit Kreditgeld erfolgen, weil das schlechtere Geld das bessere Geld vom Markt verdrängt, denn jeder möchte das bessere Geld, das tilgungslose Geld, behalten. Wenn keine Ausgaben mehr anstünden, ein Unternehmen aber über Kreditgeld verfügte, würde es versuchen, sein Kreditgeld gegen normales Geld, das Normalgeld genannt sei, umzutauschen. Auch beim Sparen müßte das Kreditgeld gegen Normalgeld gewechselt werden, denn Kreditgeld könnte nicht gespart werden, weil es mit der monatlichen Tilgung belastet wäre.

Das Kreditgeld wäre ein reines Buchgeld. Es könnte nicht bar abgehoben werden, sondern müßte dabei in Normalgeld umgetauscht werden. Es könnte aber frei gehandelt werden und würde keinerlei Beschränkungen unterliegen, außer denen, die sich aus der Sache selbst ergeben: Weil das Kreditgeld ein reines Buchgeld ist, wäre es nicht möglich, die Kreditgeldkonten zu überziehen. Kredite müßten ebenso wie Sparguthaben in Normalgeld geführt werden. Überweist ein Kunde mehr Kreditgeld als auf seinem Konto zur Verfügung steht, müßte die Bank den überschießenden Betrag von dem Normalgeldkonto des Kunden abbuchen oder ein Kreditkonto eröffnen, das in Normalgeld geführt würde wie ein Sparkonto. Kreditgeld könnte natürlich auch nicht in eine fremde Währung gewechselt werden, weil es mit der Rückzahlungsverpflichtung belastet wäre. Es müßte vorher in Normalgeld umgetauscht werden. Importe könnten also nur in Normalgeld bezahlt werden.

Es ergäben sich also vielfältige Gründe zum Tausch von Kreditgeld und Normalgeld. Die Bank würde das Kreditgeld aber nur gegen einen Abschlag umtauschen, weil sie bei dem Kauf von Kreditgeld mit der Tilgung belastet wäre. Es würde sich also eine Preisdifferenz zwischen Kreditgeld und Normalgeld ergeben. Diese Differenz würde solange nicht über 1% steigen, als das Kreditgeld knapp ist, weil es auch eine Nachfrage nach Kreditgeld gäbe. Sie stammt von den Banken und ihren Kunden, die das billigere Kreditgeld nutzen würden, um damit günstiger zahlen zu können. Wenn so viel Kreditgeld im Umlauf wäre, daß es das Normalgeld vom Markt verdrängt hätte, würde sich allerdings eine größere Preisdifferenz bilden, weil man mit dem Kreditgeld nicht sparen könnte. Der Sparer hätte aber von einem teureren Normalgeld, das er kaufen müßte um zu sparen, keinen Schaden, weil er das Spargeld, wenn er es später wieder abhebt, auch wieder in das billigere Kreditgeld umtauschen könnte.

Während das Kreditgeld von allen zurückgezahlt werden muß, die mit ihm in Berührung kommen, muß Geld, das als Darlehen aufgenommen wird, einzig von dem Darlehensnehmer getilgt und verzinst werden, obwohl er nur einmalig, nämlich bei dem Einsatz des Darlehens, durch die Verfügung über das Geld, also durch die Liquidität, begünstigt ist.[75] Dann geht die Liquidität auf andere über, die den Liquiditätsvorteil kostenlos erhalten. Keynes "deficit spending" scheitert an eben diesem Punkt, daß der Darlehensnehmer, also in dem Fall die öffentliche Hand, Zins und Tilgung alleine tragen muß, was dann meistens zu weiterer Verschuldung führt.

Um die Berechtigung des Kreditgeldes zu erkennen, muß man sich zunächst klarmachen, daß bei einer Ausweitung des Geldvolumens durch Kredite von den Krediten jeder profitiert, der mit dem zusätzlichen Geld in Berührung kommt. Angenommen, eine Kommune nähme 10 Mio. DM auf, um damit eine neue Schule zu bauen. Die ersten Begünstigten wären die mit dem Bau beauftragten Unternehmen, denn sie hätten einen zusätzlichen Auftrag, von dem sie leben. Zu den Unternehmen gehören alle dort Beschäftigten, die also durch den Kredit ebenfalls begünstigt wären. Als nächste, die durch den Kredit gewinnen, kämen die Zulieferanten in Frage, die an die mit dem Bau beauftragten Unternehmen liefern. Nicht zu vergessen wäre der Einzelhandel, dessen Umsätze sich durch den Auftrag ebenfalls erhöhen. Auch der Staat profitiert, denn seine Steuereinnahmen steigen an. Diese Liste könnte man beliebig fortsetzen. Obwohl also der Bau der Schule von erheblicher wirtschaftlicher Bedeutung für viele Unternehmen und Menschen ist, werden bei der gegenwärtigen Handhabung die Kosten alleine von der öffentlichen Hand aufgebracht, die aber außerstande ist, sich noch weiter zu verschulden.

Kreditgelddarlehen würden dagegen tauschgerecht, also gegenseitig abgewickelt, nämlich so, daß nicht das Darlehen sondern das durch das Darlehen in den Umlauf kommende Geld getilgt, also zurückgezahlt wird. Das Kreditgeld würde von allen getilgt, die den einmaligen Liquiditätsvorteil haben. Jeder müßte einen seinem Liquiditätsvorteil entsprechenden Anteil übernehmen. Die Betroffenen würden diesen einmaligen Tilgungsanteil gerne tragen, wenn sie dadurch zusätzliche Aufträge erhielten oder ihre Beschäftigung gesichert werden könnte.

Welche Projekte kämen für solche Kreditgelder in Frage? Das wären einmal die Infrastrukturmaßnahmen, die Voraussetzung aller wirtschaftlichen Tätigkeit sind, wie Verkehrserschließung, Energieversorgung, Kanalisation, Ausbau des Nahverkehrs, der Bau von Kindergärten, Schulen und Hochschulen. Die Gelder könnten aber auch für zusätzliche gesellschaftliche Aufgaben eingesetzt werden, wie z.B. sozialer Wohnungsbau, Zuschüsse für den Bau von Solaranlagen oder Umweltschutzmaßnahmen. Von ihnen könnten sogar Pflegedienste oder Lehrkräfte finanziert werden. Das wären zwar keine unmittelbar produktiven Arbeiten. Sie würden aber den produktiven Sektor anregen, weil die Nachfrage nach Lebensmittel, Kleidung, Kraftfahrzeugen, Immobilien usw. anstiege.

Die Regierung müßte also für Gesellschaftsprojekte Konjunkturförderungsprogramme auflegen, die mit Kreditgeldern abgewickelt würden, wenn sie die Massenarbeitslosigkeit erfolgreich bekämpfen will. Dadurch könnte eine zusätzliche Nachfrage geschaffen werden, ohne daß der Staatshaushalt belastet würde. Das Verfahren entspricht dem "deficit spending", sichert aber die Rückzahlung, so daß zukünftige Haushalte nicht belastet werden.

Gegenüber dem Kreditgeld könnte man einwenden, die Geldkosten würden dabei nur verlagert, denn dann sei die Wirtschaft mit den Geldkosten belastet, was einer indirekten

Steuererhöhung gleichkäme. - Dieser Einwand ist aber nicht zutreffend. Die Belastung würde nicht allgemein umgelegt wie bei Steuern, sondern von denjenigen getragen, die den Liquiditätsvorteil hätten. Es würde sich auch nicht um eine zusätzliche Belastung handeln, sondern um Geldkosten, die immer aufgebracht werden müssen, ob die öffentliche Hand oder ein anderer der Darlehensnehmer ist. Während die Geldkosten jetzt aber nicht mehr aufgebracht werden können, wäre das bei Kreditgelddarlehen möglich, weil sie von denjenigen gezahlt würden, die zusätzliche Aufträge erhalten bzw. wieder oder weiterhin am Arbeitsprozeß teilnehmen können. Sie würden dafür gerne eine einmalige Zahlung von maximal 1% leisten, denn um mehr würde es sich nicht handeln, da jeder das Geld innerhalb eines Monats weitergäbe und nur für den Moment seiner Liquidität den Liquiditätsvorteil ausgleichen müßte.

Es könnte der Eindruck entstehen, als sei durch das Kreditgeld dann das Geld mit 12% Kosten belastet, was erheblich über den gegenwärtigen Geldkosten liegen würde. So verhält es sich aber nicht, sondern die Umschlagsgeschwindigkeit des Geldes ist zu berücksichtigen. Angenommen, jemand habe ein Monatseinkommen von 5.000 DM netto. Wenn er seine gesamten Ausgaben über Kreditgeld abwickeln würde, wäre sein durchschnittlicher Kontenstand 2.500 DM. Seine Tilgungskosten (monatlich 1%) betrügen 25 DM monatlich oder 300 DM jährlich, also genau 0,5% des Einkommens. Bei den Unternehmern lägen die Geldkosten noch wesentlich niedriger, weil sich bei ihnen das Geld schneller umschlägt. Bei dem Experiment in Wörgl setzte sich das mit 1% monatlich belastete Geld 463 mal im Jahr um.[76] Wenn sich das Kreditgeld im Produktionsbereich damit verglichen nur 10 mal monatlich umschlüge, betrügen die Geldkosten dort nur 0,1%.

Die Ausgabe

Das Kreditgeld sollte zunächst so ausgegeben werden, daß es in das bestehende Geldsystem eingefügt wird. Es könnte eingeführt und erprobt werden, ohne daß sich in den ersten Jahren an der Geldmengenpolitik der Notenbank des betreffenden Landes etwas ändern müßte. (Die möglichen Auswirkungen des Kreditgeldes auf: die Zinsentwicklung, die Geldwertstabilität, den Arbeitsmarkt, die Devisenmärkte, den internationalen Kapitalverkehr und den Außenhandel werden noch besprochen)

Die Kreditgeldeinführung könnte damit beginnen, daß die Regierung einen Teil ihres Investitionshaushaltes über Kreditgeld abwickelt. Sie könnte einen jährlich gleichbleibenden Betrag von z.B. 50 Mrd. DM von der Notenbank in Kreditgeld umwidmen lassen. Wenn dieses Geld ausgegeben wäre, flössen monatlich 500 Mio. DM als Tilgung an die Notenbank zurück. Dieses zurückgeflossene Geld stünde damit zins- und tilgungsfrei für Konjunkturförderungsprogramme zur Verfügung. Im ersten Jahr wären es 6 Mrd., die sich dann in jedem folgenden Jahr um weitere 6 Mrd. DM erhöhen würden.

In welchem Maße das ausgegebene Geld die Arbeitslosigkeit zurückdrängen würde, hängt von dem bereits besprochenen Multiplikator ab[77], also von der Sparquote. Je geringer die Sparquote wäre, je größer wäre der Multiplikator, denn je mehr Geld würde ausgegeben und damit jeweils neue Aufträge auslösen. Bei dem Kreditgeld gäbe es keine Möglichkeit zu sparen; es müßte aber eine Tilgung erfolgen, um die der Verbrauch vermindert würde. Die Tilgung entspräche der Sparquote. Bei einer Tilgung von 12% jährlich wäre der Multiplikator ca. 8 (100 : 12). Wahrscheinlich würde sich aber die Sparquote gar nicht ändern, sondern lediglich Kreditgeld bevorzugt zum Zahlen benutzt werden. Auf der anderen Seite würde auch noch die freiwerdende Arbeitslosenunterstützung in irgendeiner Form verbraucht werden, indem entweder der Staat andere Ausgaben erhöhen würde oder Abgaben senken könnte. Wenn man vorsichtig rechnet und nur einen Multiplikator von 5 annimmt, würde man mit einem Konjunkturförderungsprogramm von 6 Mrd. DM Arbeitsbeschaffungsmaßnahmen von 30 Mrd. DM anregen. Setzt man jetzt wiederum für jeden Arbeitnehmer 90.000 DM jährlich an, dann könnten mit den 30 Mrd. DM 333.000 Arbeitsplätze geschaffen werden. Wie oben ausgeführt könnten sich die Konjunkturförderungsmaßnahmen jährlich um die zurückfließende Tilgung von 6 Mrd. DM erhöhen, also um weitere 333.000 Arbeitsplätze. Wie lange das fortgesetzt werden müßte, um eine annähernde Vollbeschäftigung zu erreichen, kann nur die Praxis zeigen, weil der Multiplikator nur geschätzt werden kann und weil gleichzeitig die Zinsen zurückgehen[78] und dadurch weitere Arbeitsplätze entstehen würden.

Die Kreditgeldausgabe könnte so lange fortgesetzt werden, bis das Kreditgeld das Normalgeld vom Markt verdrängt hätte. Dann würden alle bargeldlosen Zahlungen mit Kreditgeld abgewickelt, weil jeder immer erst das Kreditgeld zum Zahlen einsetzen würde, um die Tilgung zu sparen. Es liefe dann eine Buchgeldsumme um, die genau bekannt wäre, denn sie bestünde nur aus dem ausgegebenen Kreditgeld.

Wenn das Buchgeld durch Kreditgeld ersetzt wäre, würde das aber noch nicht bedeuten, daß der Markt kein weiteres Kreditgeld aufnehmen könnte. Durch das Kreditgeld würde ja auch ständig zusätzliche Produktion angeregt, wodurch die Geldmenge ohne Preissteigerungen ausgeweitet werden könnte. Erst wenn die Preise anzögen, also der Index der Lebenshaltungskosten anstiege, weil die Produktion mit der gestiegenen Nachfrage nicht mehr mitkäme, wäre die optimale Geldmenge erreicht.

Die Notenbank würde also die benötigte Geldmenge an der Preisentwicklung ablesen. Die Geldmenge könnte damit direkt über die Inflationsrate gesteuert werden. Sobald die Preise ansteigen, würde kein weiteres Kreditgeld ausgegeben. Bliebe das Preisniveau unverändert oder sänken die Preise, könnte bzw. müßte (bei sinkenden Preisen) weiteres Kreditgeld ausgegeben werden.

Die Kreditgeldmenge, die man maximal einsetzen könnte, läßt sich nicht voraus berechnen, nicht einmal zuverlässig schätzen, weil sich durch das Kreditgeld die Umlaufgeschwindigkeit des Geldes ändern würde. Würde sie sich verdoppeln, bräuchte man nur noch die halbe Geldmenge für den Geldumlauf bei gleicher Produktionsleistung. Auf der anderen Seite würde das Kreditgeld aber auch den größten Teil des Bargeldes vom Markt verdrängen, weil das Bargeld teueres Normalgeld wäre. Dadurch würde sich die Kreditgeldmenge wiederum erhöhen.

Sobald nur noch Kreditgeld als Buchgeld verwendet würde - abgesehen vom Export und Import und den Wechselvorgängen beim Sparen und Abheben - , würde sich die umlaufende nachfragende Geldmenge nur aus Kreditgeld und Bargeld zusammensetzen. Die Geldordnung müßte dann so umgestellt werden, daß nur noch Kreditgeld zum bargeldlosen Zahlungsverkehr benutzt werden dürfte, um zu vermeiden, daß Normalgeld in den Geldumlauf strömen könnte (z.B. aus: Exportüberschüssen, im Ausland verdienten Gewinnen). Damit dann nicht das Bargeld zum Einschleusen zusätzlicher Geldmengen und zum Horten benutzt werden könnte, müßte man auch eine Abgabe auf Bargeld einführen. Das wäre möglich, wenn man Papiergeld periodisch für ungültig erklären und gegen Gebühr in neue Scheine umtauschen ließe. Creutz schlägt vor, einzelne Notengrößen überraschend zum Umtausch aufzurufen. Dabei wäre es auch möglich, die Umtauschaktion, schwerpunktmäßig auf die großen Scheine zu beschränken, die dem Umlauf überwiegend entzogen werden.[79] Die Kosten dieser Umtauschaktion würden durch die einbehaltenen Gebühren mehr als gedeckt. Das Bargeld wäre damit dem Kreditgeld gleichgestellt.

Das Normalgeld befände sich auf den Sparkonten und wäre dort stillgelegt. Wenn es als Kredit weiterverliehen wäre, würden die Banken die Kredite in Normalgeld führen aber in Kreditgeld abwickeln. Man hätte also eine eindeutige Trennung in die umlaufende Geldmenge, die aus Kreditgeld und Bargeld bestünde, und in aufgeschobene Geldansprüche (Sparguthaben) und vorweggenommene Geldansprüche (Kredite). Damit wären auch zwei Größen bekannt, die man jetzt nur annäherungsweise kennt: die umlaufende nachfragende Geldmenge und die Umlaufgeschwindigkeit. Die umlaufende Geldmenge bestünde also nur noch aus Bargeld und Kreditgeld. Die Bargeldmenge kennt man heute auch. Die Kreditgeldmenge wäre dann ebenfalls bekannt, weil man wüßte, wieviel Kreditgeld ausgegeben wurde.[80] Die Umlaufgeschwindigkeit ließe sich aus dem Verhältnis der Kontenumsätze zur Kreditgeldmenge errechnen. Owohl man damit die Größen in der Hand hätte, um eine exakte Geldmengenpolitik betreiben zu können, gäbe es - wie bereits erwähnt - einen viel sichereren Indikator, der auch noch das richtige Verhältnis der Geldmenge zu der sich auch verändernden Wirtschaftsleistung berücksichtigt; das wäre die Preisentwicklung. Generell kann man sagen, daß in der Wirtschaft beim Kreditgeld die richtige Geldmenge umläuft, wenn die Geldmenge so lange erweitert wird wie die Preise stabil bleiben.

Durch das Kreditgeld ergeben sich auch klare Anforderungen für die Behandlung von Kreditkarten. Inländische Kreditkarten werden mit dem Kreditgeldkonto abgerechnet. Internationale Kreditkarten könnten nur über Normalgeldkonten abgerechnet werden und dürften im Inland keine Verwendung finden. Kreditkarten, die wie Telefonkarten mit einem bestimmten Betrag aufgeladen werden, müßten wie Bargeld behandelt werden. Beim Aufladen des Betrages müßte die Preisdifferenz zwischen Normalgeld und Kreditgeld entrichtet werden. Die Wirtschaftswissenschaft befürchtet, daß es in der Finanzwelt zukünftig unmöglich sein werde, eine Geldmenge zu identifizieren.[81] Bei dem Kreditgeld wüßte man die Geldmenge genau.

Die Finanzierung von Einzelprojekten

Es wäre auch möglich, Einzelprojekte der öffentlichen Hand mit auf dem Geldmarkt aufgenommenen Geldern zu finanzieren, die in Kreditgelder umgewidmet werden. Dabei würde sich an dem jetzt üblichen Verfahren der Kreditaufnahme, der Sicherung der Kredite, der Abwicklung über die Banken usw. nichts ändern. Der Gesetzgeber hätte festzulegen, für welche Projekte Kreditgelder eingesetzt werden sollen. Die begünstigte Institution der öffentlichen Hand, z.B. eine Gemeinde, müßte das Darlehen zunächst auf dem Geldmarkt aufnehmen. Das aufgenommene Darlehen würde dann bei der Notenbank eingezahlt und von dieser in Kreditgeld umgewidmet und an die Gemeinde als Kreditgeld ausgezahlt. Der weitere Ablauf wäre dann der gleiche wie oben beschrieben.

Die an die Notenbank zurücklaufenden Tilgungen würden von dieser aber nicht neu als Kreditgeld ausgegeben, sondern an die Darlehensnehmer des Kreditgeldes, also in dem Beispiel an die Gemeinde, weitergegeben, nachdem die Notenbank die Gelder wieder in Normalgeld umgewandelt hätte. Die Gemeinde erhielte also die Kreditgeldtilgungen und würde damit das aufgenommene Darlehen tilgen. Diese Tilgungen wären anfangs höher als die Amortisation des Darlehens, in den späteren Jahren niedriger, weil sich die Tilgungssummen kontinuierlich vermindern, denn die Tilgung bezieht sich immer auf den Restbetrag, der durch die Tilgung laufend vermindert wird. Das ist aus der Kreditgeldtabelle ersichtlich, die im Anhang I aufgeführt ist.

Der Ablauf sähe also folgendermaßen aus:

1. Die Gemeinde nimmt ein Darlehen auf
2. Das Darlehen wird von der Notenbank in Kreditgeld umgewidmet und als Kreditgeld an die Gemeinde ausgezahlt.
3. Von der Gemeinde wird das Kreditgeld ausgegeben und geht in den Wirtschaftskreislauf über.

4. Aus dem Wirtschaftskreislauf fließen monatlich 1% als Tilgung an die Notenbank zurück.
5. Die Notenbank überweist das zurückgeflossene Geld, umgewandelt in Normalgeld, an die Gemeinde, die damit das aufgenommene Darlehen tilgt.

Im Anhang II ist als Beispiel ein Kreditgelddarlehen von 100 Mio. DM aufgeführt, das mit 6% Zins und 3% Tilgung auf dem Geldmarkt aufgenommen wurde. Dieses Darlehen ist in 19 Jahren zurückgeführt. In den ersten Jahren sind die Kreditgeldtilgungen wesentlich höher und später niedriger als die vereinbarte Amortisation. Wenn die Tilgungen höher sind, können sie verzinst angelegt werden. Über die gesamte Laufzeit des Darlehens errechnet sich dadurch nur eine Belastung von 3,25%.

Sparen und Leihen

Creutz beziffert das gesamte Geldvermögen Deutschlands 1998 auf 9.492 Mrd. DM. Dem standen Schulden in Höhe von 9.902 Mrd. DM gegenüber.[82] Bei dem gegenwärtigen Geldsystem läßt sich nicht genau greifen, wie groß demgegenüber die umlaufende Geldmenge ist, weil es zur Zeit keine klare Kontentrennung zwischen Guthabenkonten, Kreditkonten und Buchgeldkonten gibt.[83] Die Geldumlaufmenge besteht aus Bargeld und Buchgeld. Sie ist nur ein Bruchteil des Geldvermögens.

In der Anlage III ist an einigen einfachen Beispielen erklärt, wieso das Geldvermögen trotz gleichbleibender umlaufender Geldmenge wachsen und um ein vielfaches höher sein kann als diese. Das Geldvermögen wächst nicht nur durch Sparen, sondern auch wenn Geld ausgeliehen wird. Bei diesem Vorgang bleibt das Geldvermögen des Gläubigers in gleicher Höhe bestehen, nur besteht es nicht mehr aus Bankguthaben, sondern aus Forderungen. Bei dem Schuldner erscheint das Geldvermögen ebenfalls, nämlich als Bankguthaben. Dem stehen dann Schulden in gleicher Höhe gegenüber. Gibt der Schuldner das Geld weiter, dann erscheint es bei dem nächsten Besitzer als Geldvermögen. Werden die Schulden zurückgezahlt, geht auch das Geldvermögen wieder zurück. Ebenso erhöhen sich Geldvermögen uund Schulden durch Zinsberechnungen. Bei all diesen Vorgängen bleibt aber die umlaufende Geldmenge gleich. Darum können sie genauso gut mit Kreditgeld abgewickelt werden wie mit Normalgeld. Anders sieht es aus, wenn von der Notenbank zusätzliches Geld ausgegeben wird Dann erhöht sich die Geldmenge tatsächlich.

Während also eine Erhöhung der Geldvermögen – bis auf den Sparbetrag, bei dem es sich nur um eine in die Zukunft verschobene Ausgabe handelt – immer damit verbunden ist, daß bei jemand anderem die Schulden entsprechend ansteigen, kann sich das sonstige Vermögen - wie Maschinen, Warenbestände oder Gebäude usw. – durch wirtschaftliche Leistung real vermehren.

Daneben gibt es Vermögenserhöhungen die nicht durch wirtschaftliche Leistungen, sondern durch die Nachfrage hervorgerufen werden. Das ist der Fall, wenn sich der Wert eines Grundstückes durch die gestiegene Nachfrage oder durch eine Umwidmung in bebaubare Fläche erhöht oder wenn der Wert von Geldanlagen durch spekulative Kurserhöhungen ansteigt. Kurssteigerungen können bereits durch eine relativ geringe Nachfrage hervorgerufen werden, wenn kein entsprechendes Angebot vorliegt. Durch Kurssteigerungen werden keine neuen Vermögen geschaffen; genauso wenig wie sie durch Kursverfall vernichtet werden, wie man immer wieder in der Presse lesen kann. Wenn überhaupt, dann sind die Werterhöhung oder der Wertverfall durch positives oder negatives Arbeiten der Kursänderung vorausgegangen.

An diesen Zusammenhängen würde sich durch das Kreditgeld nichts ändern. Sie werden aber in einer anderen Weise durchsichtig. Während die umlaufende Geldmenge heute nicht wirklich erfaßt werden kann, ist sie dann deutlich identifizierbar: Es ist das Kreditgeld und das Bargeld. Die Spar- und Leihvorgänge laufen getrennt davon ab.

Die Geldvermögen würden durch eine kleinere Geldumlaufmenge erwirtschaftet, weil das Geld schneller umlaufen würde. Die Sparguthaben und Forderungen würden ebenso wie die Kredite und Verbindlichkeiten in Normalgeld ausgewiesen. Sie befänden sich außerhalb der Geldumlaufmenge. Die umlaufende Geldmenge würde sich weder durch das Sparen noch durch die Kreditvergabe ändern, sondern lediglich durch die Ausgabe von Kreditgeldern und deren laufende Tilgungen und die Schwankungen im Bargeldbestand.[84]

Das Kreditgeld wäre ein von der Notenbank ausgegebenes Geld wie das Bargeld. Den Geschäftsbanken wäre es untersagt, Kreditgeld zu schöpfen, indem sie z.B. eigenes Normalgeld oder das Normalgeld der bei ihnen deponierten Spareinlagen in Kreditgeld umwandeln. Sie dürfen nur in den Besitz von Kreditgeld gelangen, indem sie Normalgeld gegen Kreditgeld eintauschen, wenn sie es also kaufen oder leihen. Letzteres wäre beim Sparen der Fall. Die Banken übernähmen dann von den Sparern das Kreditgeld und schrieben ihnen Normalgeld zu dem entsprechenden Kurs gut. Das übernommene Kreditgeld könnten sie dann weiter verleihen. Die entsprechenden Buchungsvorgänge sähen dann *bei der Bank* folgendermaßen aus:

Spareinlage:	Verbindlichkeit gegenüber dem Sparer	
	(Normalgeld) -	Kreditgeld +
Bankkredit:	Forderungen an den Darlehensnehmer	
	(Normalgeld) +	Kreditgeld -

Entgegengesetzt sind dann die Buchungsvorgänge bei dem Abheben von Sparguthaben und der Rückzahlung von Krediten.

Durch das Kreditgeld wären die Geldvermögen eindeutig in "nachfragendes Umlaufgeld" und "stillgelegtes Geld" getrennt. Diese Unterscheidung gibt es jetzt auch, nur ist sie nicht greifbar, kontenmäßig beim Buchgeld nicht, beim Bargeld ebensowenig, denn es gibt sehr viel stillgelegtes Bargeld. Wieviel das ist, würde sich erst bei der bereits besprochenen Einführung einer Umlaufsicherung für das Bargeld herausstellen.

Durch das Sparen würde sich an der Kreditgeldmenge nichts ändern, weil in Kreditgeld nicht gespart werden könnte. Das Kreditgeld müßte in Normalgeld gewechselt werden, um gespart werden zu können. Durch den Geldumtausch hätte das Kreditgeld lediglich den Besitzer gewechselt. Der Effekt wäre zwar keine Veränderung der Kreditgeldmenge, aber eine Verlangsamung der Umlaufgeschwindigkeit, denn um die gesparten Beträge wird mit der gleichen Geldmenge weniger nachgefragt. Ein Steigen der Sparquote würde sich darum in einem Sinken des Preises für Kreditgeld bemerkbar machen. Nach einiger Erfahrung würde man bereits an der Preisdifferenz zwischen Kreditgeld und Normalgeld die Umschlagsgeschwindigkeit des Geldes ablesen können. Die Bank würde Kreditgeld nur gegen einen Abschlag annehmen, der ihr Risiko abdeckt die Tilgungen tragen zu müssen. Bliebe das Geld bei ihr zwei Monate liegen, dann würde sie einen Abschlag von über 2% verlangen müssen. (Für 100 DM Kreditgeld würde man nur 98 DM Normalgeld bekommen) Ebensowenig hätte das Bareinzahlen oder Barabheben einen Einfluß auf die Geldmenge. Auch hier fände lediglich ein Besitzwechsel von Bargeld statt. Die Bargeldmenge würde sich - wie jetzt auch - nur verändern, wenn die Bank nicht mehr benötigtes Bargeld an die Notenbank zurückgibt oder neues Bargeld anfordert. Umgekehrt würden Kredite wirken; sie würden eine Nachfrage nach Kreditgeld auslösen. Kredite würden folglich die Umlaufgeschwindigkeit des Geldes erhöhen und den Preis für Kreditgeld ansteigen lassen.

Die Bankkredite würden ebenfalls in Normalgeld geführt. Die Kredite gehören nicht zum Geldumlauf. Es sind Darlehensforderungen (Bank) und Darlehensverbindlichkeiten (Schuldner). Wird ein Kredit gewährt, erhöhen sich bei der Bank die Forderungen, während sich ihre Geldmenge vermindert. Beim Darlehensnehmer erhöht sich dagegen die Geldmenge, aber gleichzeitig vermehren sich seine Schulden. Die Geldmenge ist also gleich geblieben. Das Geld ist nur von der Bank zum Kreditnehmer geflossen. Erhöht haben sich aber das Vermögen der Bank (die Forderungen) und die Schulden des Kreditnehmers. Die Bank würde die Kredite in Normalgeld führen, aber in Kreditgeld auszahlen. Sie können nicht in Kreditgeld geführt werden, weil es Kreditgeld nur als Umlaufgeld geben kann, nicht als Forderung oder Schulden.

Heute ist es möglich, daß die Banken aufgrund der sogenannten Sichtguthaben Kredite vergeben. Sichtguthaben sind die Giralgeldbestände, die bei den Girokonten als Durchschnittsbestand stehenbleiben. Diese Giralgeld-Kreditvergabe dürfte bei den Kreditgeldgirokonten nicht mehr erlaubt sein, weil das Kreditgeld zu schnell umläuft, um es weiterzuverleihen. Grundlage für die Bankkredite dürften lediglich die Sparguthaben sein.

In der Preisdifferenz zwischen Kreditgeld und Normalgeld käme das Verhältnis der Sparquote zur Kreditquote zum Ausdruck. Bei einer Differenz unter 1% würde die Kreditquote die Sparquote überschreiten. Die Preisdifferenz würde eine Rolle beim Import und Export spielen. Importe müßten mit Normalgeld gekauft werden, da Kreditgeld nicht in eine fremde Währung gewechselt werden könnte. Die Importe würden darum um die Preisdifferenz verteuert. Die Exporte würden um die gleiche Differenz verbilligt, denn die Exporteure erhielten Normalgeld für ihre Waren, hätten aber nur Kreditgeld aufgewendet.

Die Zinsentwicklung

Bei dem Einsatz von Kreditgeld würden die Zinsen fallen. Um der Tilgung zu entgehen, würden nämlich alle nicht benötigten Buchgelder auf Sparkonten eingezahlt werden. Ein Umtausch in Bargeld würde nicht stattfinden, weil das Bargeld mit der bereits besprochenen Gebühr belastet wäre, die bei dem Umtausch ungültig gewordener Scheine erhoben würde, um das Bargeldhorten zu verhindern.

Im Gegensatz zum Bargeldhorten wäre Sparen durchaus im Sinne der Umlaufsicherung, weil das gesparte Geld von der Bank über die Kredite wieder in den Wirtschaftskreislauf eingeschleust wird. Durch das Sparen wird der Geldumlauf nur vorübergehend unterbrochen, während das Horten ihn langfristig stoppt. Den Banken würden die Spargelder schließlich auch ohne Verzinsung angeboten, wenn das Kreditgeld das Normalgeld verdrängt hätte. Auch wenn die Kreditnachfrage die Sparquote übersteigen würde, bräuchten die Banken keine durch die erhöhte Nachfrage verursachten Sparzinsen zu zahlen, weil die Banken sich dann über die Notenbank refinanzieren könnten. Ohne Zinsbelastung für Spargelder und die Refinanzierung würden sich dann die Kreditzinsen entsprechend ermäßigen, denn die Banken würden zinslos erhaltene Gelder weiterverleihen.

Die Kreditzinsen würden bald nicht wesentlich über der Bankmarge liegen. Bei der Bankmarge handelt es sich nicht mehr um Zinsen, sondern um unvermeidbare Dienstleistungskosten und einen Aufschlag zur Abdeckung des Risikos von Kreditverlusten. Darum schwankt die Bankmarge auch je nach Größe des Kredites und der Sicherheiten, die für den Kredit übereignet werden können, zwischen 1 und 7%. Weil ein Kleinkredit genausoviel Arbeit und Kosten verursacht wie ein Großkredit, aber nicht so abgesichert werden kann, ist er wesentlich teurer. Im Durchschnitt dürfte die Bankmarge zwischen 2 und 2,5% liegen. Das wären nach der Einführung des Kreditgeldes die verbleibenden Gesamtkosten, mit denen ein großer und mittlerer Kredit belastet wäre.

Wenn die Zinsen auf 2 bis 2,5% sinken würden, würden die Preise um den enthaltenen Zinsanteil fallen. Wie angeführt, beträgt die Zinsbelastung etwa 40% des verfügbaren Einkommens und in der Höhe dürfte sie auch in den Preisen enthalten sein, natürlich mit einer großen Streuung. Ein Viertel davon entfällt auf die Bankmarge, so daß die Preise durchschnittlich um ca. 30% zurückgehen würden.

Gegenwärtig sind die Unternehmen gezwungen, fortwährend zu expandieren, um die Zinsbelastungen aufzubringen. Dieser Wachstumszwang würde in dem Maße entfallen wie die Zinsen sinken. Auf der anderen Seite könnten viele neue Unternehmen entstehen bis die Vollbeschäftigung erreicht wäre.

Gegenüber einer zinslosen Wirtschaft wird von Kritikern geltend gemacht, sie bereite "einer restlosen Wegwerfwirtschaft den Boden, die alles andere als ökologisch arbeiten wird."[85] Das ist nicht sehr wahrscheinlich, denn das Sparen bleibt erhalten. Wenn der Zinsdruck entfällt, dürfte der Lebensstil sich eher von der Quantität zur Qualität verschieben. Es liegen auch historische Erfahrungen mit einer zinsfreien Währung vor, die dagegen sprechen. Gemeint ist die mittelalterliche sogenannte Brakteatenwährung. Die Brakteaten waren lokal begrenzte Kleingeldmünzen des Mittelalters (12. - 15. Jahrhundert), die in der Regel alle fünf Monate zum Umtausch aufgerufen wurden. Bei dem Umtausch der Münzen wurden 25% der Münzen als "Schlagschatz" einbehalten. Die Münzen wurden also mit monatlich 5% entwertet. Um der Entwertung zu entgehen, wurden sie sehr schnell weitergegeben. Margrit Kennedy hat die Auswirkungen dieses Münzsystems dargestellt.[86]

"Anstatt in Geld investierte man in solide und schöne Möbel, Häuser, Kunstwerke oder all das, was seinen Wert zu behalten oder zu steigern versprach. Da keinerlei Möglichkeit bestand, Geldreichtum zu sammeln, wurden statt dessen reale

Vermögenswerte geschaffen. Der Wirtschaftskreislauf florierte, weil der zinsbedingte Aufschuldungseffekt wegfiel und eine stetige Nachfrage durch den Umlaufzwang des Geldes garantiert war. Das Zinsverbot erübrigte sich bald vollständig, denn der Gläubiger war bei einem Kreditvertrag zufrieden, wenn ihm durch das Verleihen die Kosten der Schlagschatzsteuer erspart blieben."[87]

Die Brakteatenzeit war eine Wirtschaftsperiode höchster handwerklicher Qualität und guter Beschäftigung. Beim Kreditgeld bliebe sogar im Gegensatz zum Brakteatengeld die Möglichkeit des Sparens bestehen. Näheres zum Brakteatengeld ist im Anhang IV ausgeführt.

Das Sichern des Geldwertes

Der Notenbank – jetzt die Europäische Zentralbank, früher die Deutsche Bundesbank - ist die Aufgabe übertragen, den Geldwert zu sichern. Der Bundesbank gelang es nicht, den Geldwert stabil zu halten. Seit 1950 ist der Wert 1 DM auf 0,20 DM gesunken.[88] Unter den gegenwärtigen Verhältnissen wäre die Durchsetzung der Geldwertstabilität auch gleichbedeutend mit dem Erzeugen von Arbeitslosigkeit. Die Geldmenge muß konstant erweitert werden, weil sich die Nachfrage durch die Zinsabschöpfung laufend vermindert.

Der Geldwert wird durch zwei sich ständig ändernde Größen bestimmt: die Wirtschaftsleistung (=Bruttosozialprodukt) und die nachfragende Geldmenge. Die nachfragende Geldmenge ist ein Produkt aus Geldmenge und Umlaufgeschwindigkeit. Immer wenn das Geld den Besitzer wechselt, wird eine Nachfrage ausgelöst. Eine höhere Umlaufgeschwindigkeit hat darum die gleiche Wirkung, wie eine höhere Geldmenge bei gleichbleibender Umlaufgeschwindigkeit. Steigt die nachfragende Geldmenge im Verhältnis zur Wirtschaftsleistung, sinkt der Geldwert. Erhöht sich die Leistung in Relation zur nachfragenden Geldmenge, steigt er.

Die Umlaufgeschwindigkeit verlangsamt sich durch das Sparen und erhöht sich durch die Kreditvergabe. Das Sparen erhöht also den Geldwert, denn es wirkt preissenkend, weil sich die nachfragende Geldmenge vermindert.

weniger Geldangebot durch:	+	**höhere Produktivität durch:**
langsameren Geldumlauf		**Rationalisierungen**
Sparen		**Erfindungen**
Kreditrückzahlungen		**Kostensenkungen**
Reduzierung der Geldmenge		**Steuersenkungen**

Geldwert

mehr Geldangebot durch:		**niedrig. Produktivität durch:**
Erweiterung der Geldmenge		**Tariferhöhungen**
schnelleren Geldumlauf		**Steuererhöhungen**
Spargeldauflösungen		**Kostenerhöhungen**
Kreditaufnahmen	-	

Die Notenbank kann die Stabilität des Geldes nur von der Geldmenge und dem Geldumlauf her angehen; auf die Produktivität hat sie keinen direkten Einfluß. Wie man an der DM-Entwertung sehen kann, die im internationalen Vergleich sogar noch positiv herausragt, ist die Aufgabe mit dem bestehenden Instrumentarium nicht lösbar. Die Bargeldmenge erhöhte sich von 8 Mrd. DM Ende 1950 auf 250 Mrd im Jahre 2000. Sie wurde auf das 31-fache ausgeweitet, während sich das Bruttosozialprodukt „nur“ auf das 8-fache erhöhte.[89] (Das Verhältnis des 31-fachen zum 8-fachen entspricht auch in etwa dem Währungsverfall in dem genannten Zeitabschnitt. Die Währung wäre stabil geblieben, wenn die Bargeldmenge so gewachsen wäre wie das Bruttosozialprodukt).

Die Notenbank hat verschiedene Möglichkeiten, die Geldmenge vorübergehend auszuweiten und später wieder zurückzuführen, wie z.B. das Kreditieren von Wechseln, den Ankauf von Devisen aus Exportüberschüssen oder den Ankauf von Wertpapieren. Für die Wechselkredite und Ankäufe verwendet sie neu ausgegebenes Geld, das wieder an sie zurückfließt, wenn die Wechselkredite zurückgezahlt werden oder wenn sie die angekauften Wertpapiere und Devisen wieder verkauft. Die Notenbank kann aber bei diesen Geschäften das Volumen kontinuierlich ausweiten, so daß sich die Geldmenge trotz der späteren Geldrückflüsse erhöht.

Zumeist wird die Geldmenge aber dadurch ausgeweitet, daß die Geschäftsbanken Geld von der Notenbank anfordern. Dafür müssen sie festverzinsliche Wertpapiere als Sicherheit verpfänden und einen Kredit von der Bundesbank aufnehmen, den man Lombardkredit nennt und der mit dem sogenannten Lombardsatz verzinst wird. Im allgemeinen wird die Auffassung vertreten, daß sich die umlaufende Geldmenge auch durch die Vergabe von Krediten ausweitet. Das ist aber nicht der Fall. In der Anlage III "Die Bildung von Geldvermögen bei gleichbleibender Geldmenge" habe ich dargestellt, wieso sich das Geldvermögen bei gleichbleibender umlaufender Geldmenge erhöhen kann.[90]

Weitet sich die Geldmenge zu stark aus, versucht die Notenbank gegenzusteuern, indem sie festverzinsliche Wertpapiere verkauft. Dadurch nimmt sie Geld vom Markt und lagert es bei sich ein. Außerdem versucht sie, den Geldumlauf zu verlangsamen, was in der Wirkung einer Verminderung der Geldmenge entspricht. Sie erhöht die Leitzinsen, das sind der Lombardzins und der Diskontzins. Weil diese Zinsen Grundlage für die Refinanzierung der Banken sind, erhöht sich dadurch das gesamte Zinsniveau. Das führt wiederum zu einem Rückgang der Kredite, also zu einem Verlangsamen des Geldumlaufs. In gleicher Richtung wirkt die Erhöhung der sogenannten Mindestreserven. Dabei handelt es sich um Bargeldbestände, die von den Banken bereitgehalten werden müssen. Diese Bargeldbestände müssen sich die Geschäftsbanken durch Lombardkredite von der Notenbank leihen. Werden die Mindestreserven erhöht, steigt die Zinsbelastung der Banken, die sie wiederum an ihre Kunden weitergeben müssen. Umgekehrt versucht die Notenbank bei einem sich verschlechternden Konjunkturverlauf die Leitzinsen und die Mindestreserven zu senken, um den Geldumlauf zu beschleunigen.

Den Geldumlauf durch Anheben oder Senken der Leitzinsen wirksam zu beeinflussen, ist sehr problematisch. Senkt die Notenbank die Leitzinsen, um die Konjunktur anzuregen, wandern die Kredite in das Ausland ab, um dort mehr Zinsen zu erwirtschaften als im Inland bezahlt werden müssen. Statt die inländische Konjunktur zu beleben, werden die Kapitalbesitzer subventioniert. Bei einem Anheben der Leitzinsen sind die sozialen Auswirkungen noch extremer. Eine schrittweise Zinserhöhung von 5,0 auf 6,5%, ist nicht eine Erhöhung um 1,5%, sondern eine Erhöhung um 30% (6,5: 5,0 = 1,30). Bei einer durchschnittlichen Zinsbelastung in Höhe von 33% des Einkommens bedeutet eine Zinserhöhung von 5,0 auf 6,5% eine Einkommensminderung um 9,9% (30% von 33%).

Die Geldmenge über die Zinssätze zu steuern steht in krassem Widerspruch zur demokratischen Grundordnung, denn sowohl bei Zinssenkungen als auch bei Zinserhöhungen wird die vermögendste Schicht extrem subventioniert. Bei Zinssenkungen erhält sie billiges Geld, das sie im Ausland anlegen kann, bei Zinserhöhungen werden ihre Einnahmen unmittelbar erhöht.

Die komplizierten Zinszusammenhänge werden in der Regel weder von den Wählern noch von den Politikern verstanden. Würden sie verstanden, wären sie in einer demokratisch verfaßten Gesellschaft nicht mehr haltbar. Warum werden sie nicht wahrgenommen? In den westlichen Industrieländern werden die tatsächlich bestehenden oligarchischen Verhältnisse dadurch verdeckt, daß seit der industriellen Revolution das allgemeine Verdienstniveau stark angehoben wurde. Sie werden aber in der zunehmenden Verarmung der sogenannten Entwicklungsländer deutlich. Und sie werden auch deutlich, wenn in den USA, dem reichsten Land der Erde, ein knappes Fünftel aller Beschäftigten zu Löhnen unterhalb der Armutsgrenze arbeitet. Wie ein Bodensatz fallen immer mehr Menschen aus der wirtschaftlichen Entwicklung heraus. Von Zukunftsforschern wird bereits die Vision einer 20 : 80 Gesellschaft entworfen: 20% der Bevölkerung würden in Zukunft den Produktionsapparat unterhalten. In ihren Händen sei das Kapital konzentriert. Sie leben gesichert in eigenen abgeschotteten Städten und Bezirken. Für die verbleibenden 80% der Menschheit seien Abhängigkeit und Armut zu erwarten.[91]

Wo ist diese oligarchische Schicht? Wer gehört dazu? – Es sind keine Feudalherren oder Verschwörungskreise. Es gehört bereits jeder dazu, der durch Erbschaft, Spekulation oder Fähigkeiten zu einem Vermögen gekommen ist, aus dem er mehr als 40% seines Einkommens bezieht. Im Grundsatz steht die Schicht jedem offen. Die realen Verhältnisse wären vielleicht offensichtlicher, wenn nicht Millionen die Illusion oder Hoffnung hätten, in diese Schicht aufsteigen zu können.

Dieter Suhr, Professor für öffentliches Recht, Rechtsphilosophie und Rechtsinformatik, zeitweise Mitglied des Bayerischen Verfassungsgerichtshofes, der sich mit der Problematik intensiv auseinandersetzte, machte darauf aufmerksam, daß die bestehende Geldordnung einer verfassungsrechtlichen Überprüfung nicht standhält, wenn eine gerechtere Möglichkeit aufgezeigt werden kann. Er nennt dafür fünf Gründe:

1. Die Geldordnung ist nicht mit der Vertragsfreiheit zu vereinbaren.
2. Sie widerspricht dem Gleichheitsgebot.
3. Der Erwerb von Eigentum wird durch sie behindert.
4. Sie ist mit den Prinzipien eines sozialen Rechtsstaates unvereinbar und

5. sie entspricht nicht den Erfordernissen des gesamtwirtschaftlichen Gleichgewichtes.[92]

Näheres dazu ist in der Anlage V dargestellt (Kritik der Geldordnung aus verfassungsmäßiger Sicht).

Bei dem Einsatz des Kreditgeldes könnte die Notenbank ihre Aufgabe erfolgreich und sozialverträglich erfüllen, während das gegenwärtig nicht möglich ist. Es geht um

- die Sicherung der Geldwertstabilität,
- die Sicherung eines hohen Beschäftigungsgrades u.
- die Sicherung des außenwirtschaftlichen Gleichgewichtes.

Maßgebend für die Geldwertsicherung muß der Währungswert auf dem Binnenmarkt sein, also der Wert des Kreditgeldes, der sich anhand der Preisentwicklung verfolgen läßt, nicht der Außenhandelswert des Normalgeldes. Durch das Kreditgeld könnte der Geldwert direkt über die Geldausgabe gesichert werden. Die Geldmenge würde durch die Tilgung laufend vermindert und durch die Neuausgabe wieder erhöht. Die Notenbank könnte darum die Geldmenge über die Erhöhung oder Verminderung der Neuausgabe exakt steuern. Steigen die Preise, würde sie die Neuausgabe vermindern.

Das Kreditgeld sollte mit einer möglichst hohen Tilgungsrate eingeführt werden, um die Arbeitslosigkeit zu beseitigen. Wenn die annähernde Vollbeschäftigung erreicht wäre, könnte die Rate schrittweise gesenkt werden, um die Wirtschaft zu entlasten. Stiegen dann die Arbeitslosenzahlen wieder an, ohne daß sich der Geldwert verschlechtert hätte, könnte die Neuausgabe von Kreditgeld erhöht werden. Stiegen die Arbeitslosenzahlen aber bei einer gleichzeitig stattfindenden Geldentwertung, müßte die Notenbank den Tilgungssatz wieder erhöhen, um mehr Geld abschöpfen zu können. Wie hoch die optimale Tilgungsrate wäre, läßt sich nicht theoretisch bestimmen. Gesell schlug eine Liquiditätsabgabe von 0,1% pro

Woche oder 5,2% pro Jahr vor. Keynes schätzte diese Zahl unter den damaligen Verhältnissen in England für zu hoch ein.[93]

Weil die Notenbank die Geldmenge nach der Preisentwicklung steuern würde, könnte sie damit auch Produktivitätssteigerungen und Produktivitätsrückgänge so auffangen, daß der Geldwert stabil bliebe. Produktivitätssteigerungen wirken sich preissenkend aus. Die Notenbank würde dem begegnen, indem sie die Geldmenge erhöht. Bei Rückgängen in der Produktivität erhöhen sich die Preise und der Geldwert sinkt. Die Folge wäre, daß die Notenbank die im Verhältnis zur gesunkenen Produktivität dann zuviel umlaufende Gelder vermindern müßte.

Die Erhaltung des Geldwertes hängt von der Produktivität und der *nachfragenden* Geldmenge ab, d.h. von der Geldmenge x Umlaufgeschwindigkeit. Ideal wäre es, wenn die Notenbank die Umlaufgeschwindigkeit so verstetigen könnte, daß keine wesentlichen Schwankungen auftreten, weil sonst Schwankungen in der Umlaufgeschwindigkeit immer über die Geldmenge ausgeglichen werden müßten. Das Kreditgeld würde sicherlich zur Verstetigung der Umlaufgeschwindigkeit beitragen, weil keine Geldhortungen aufträten, aber es bliebe auch weiterhin schwierig, sie zu steuern.

Das Kreditgeld würde den Geldumlauf beschleunigen, weil jeder die Tilgung vermeiden möchte. Durch den schnelleren Geldumlauf stiegen die Umsätze, weil das Geld schneller ausgegeben und eingenommen würde. Wenn sich die Umlaufgeschwindigkeit bei gleichbleibender Geldmenge nur um 10% erhöhen würde und die Produktion nachkommt, stiege auch das Bruttosozialprodukt entsprechend. Die Umlaufgeschwindigkeit des Kreditgeldes könnte sich gegenüber dem jetzigen Geld aber ebensogut verdoppeln, denn bei dem Kreditgeld wäre das umlaufende Geld eine “heiße Ware”, die nur weitergegeben oder gegen Kaufgeld eingetauscht werden könnte.

Beschleunigt sich der Geldumlauf, tritt der gleiche Effekt wie bei einer Geldvermehrung ein. Es ist zwar nicht mehr Geld im Umlauf, aber das schneller umlaufende Geld löst eine stärkere Nachfrage aus. Bei dem Kreditgeld wäre aber die Gefahr einer überhitzten Nachfrage nicht gegeben, denn das Kreditgeld würde bei der Einführung langsam so lange ausgeweitet, bis die Preise anziehen. Das Ergebnis wäre dann, daß eine kleinere Geldmenge mit größerer Geschwindigkeit umliefe.

Bei dem Kreditgeld würde sich also eine höhere Umlaufgeschwindigkeit bei einer geringeren Geldmenge einspielen. Die umlaufende Geldmenge, die dann nur aus dem Bargeld und dem Kreditgeld auf Girokonten bestünde, würde sich stark vermindern, weil alles nicht benötigte Geld auf Sparkonten eingezahlt würde, um der Tilgung zu entgehen. Die Banken könnten einen großen Teil ihres von der Notenbank aufgenommenen Geldes zurückgeben, weil man mit einer geringeren umlaufenden Geldmenge auskommen würde. Die Umlaufgeschwindigkeit bliebe aber trotzdem Schwankungen unterworfen, die den Geldwert verändern. Die Schwankungen entstünden durch die schwankende Sparquote, in der persönliche, wirtschaftliche und politische Einschätzungen zum Ausdruck kommen. Bei steigender Sparquote würde sich der Geldumlauf verlangsamen und umgekehrt bei sinkender Quote beschleunigen.

Die Schwankungen der Sparquote im Verhältnis zur Kreditnachfrage würden sich in der Preisdifferenz zwischen Kreditgeld und Normalgeld spiegeln. Bei einer hohen Sparquote sänke der Preis des Kreditgeldes, bei einer hohen Kreditquote stiege er. Das Sparen würde den Umlauf des Kreditgeldes verlangsamen, das Leihen würde ihn erhöhen. Es wäre zwar möglich, wie bisher zu versuchen, mit den Leitzinsen die Spar- und Kreditquote zu beeinflussen. Das wäre aber nicht mehr nötig, weil man die Geldmenge über die Geldausgabe steuern und die schwankende Umlaufgeschwindigkeit dabei über die Geldmenge ausgleichen könnte. Stiege die Umlaufgeschwindigkeit, würde man Geld vom Markt nehmen und umgekehrt. Die negativen sozialen Auswirkungen der Steuerung der Geldmenge über die Zinsen würden dabei nicht auftreten.

Schwankungen in der Umlaufgeschwindigkeit entstünden auch durch die Export- und Importgeschäfte. Bei einem Exportüberschuß würde in verstärktem Maße Kreditgeld nachgefragt, denn die erlösten Devisen müßten gegen Kreditgeld eingetauscht werden, um auf dem Inlandsmarkt ausgegeben werden zu können. Als erstes müßten die Exporteure dabei ihre Devisen gegen Normalgeld eintauschen und dieses dann wiederum in Kreditgeld wechseln. Die Folge wäre also ein Ansteigen des Preises für Kreditgeld und eine Beschleunigung der Umlaufgeschwindigkeit, weil das verstärkt nachgefragte Kreditgeld dann schneller umliefe. Da das Kreditgeld allgemeingültiges Zahlungsmittel wäre, abgesehen von dem mit Gebühren belasteten Bargeld, könnte sein Preis auch über den des Normalgeldes steigen. Durch den höheren Preis für Kreditgeld hätte der Exporteur höhere Kosten. Folglich müßte er die Preise erhöhen, um die Kostenerhöhung zu decken. Dadurch gingen die Exporte wieder zurück Das Kreditgeld würde also den Exportüberschuß ausgleichen.

Entgegengesetzt würden sich Importüberschüsse auswirken. Die Nachfrage nach Normalgeld würde dann die nach Kreditgeld übersteigen. Entsprechend würde der Preis für Normalgeld steigen und der für Kreditgeld sinken. Auch hier würde die Einseitigkeit des Importüberschusses, die einen Geldabfluß und Arbeitslosigkeit hervorruft, dadurch ausgeglichen, daß der Importeur mehr für seine Importe aufwenden müßte, denn er muß ja Kreditgeld in das teurer werdende Normalgeld umtauschen. Das Kreditgeld würde also regulierend auf Export- oder Importüberschüsse wirken.

Währungsschutz

Die größten Bedenken gegenüber dem Kreditgeld dürften durch die Abhängigkeiten von den internationalen Kapitalmärkten entstehen. Was würde geschehen, wenn eine Kapitalflucht in das Ausland einsetzen würde, weil im Inland keine zinsgünstigen Geldanlagen mehr angeboten würden, weil alle Leistungen in Kreditgeld bezahlt würden? Das wäre die eine Frage. Die andere Frage wäre, wie dann der Kapitalbedarf der Wirtschaft gedeckt werden könnte, zumal sich auch die ausländischen Geldgeber zurückziehen würden, wenn im Inland nichts mehr zu verdienen wäre.

Zunächst zur Kapitalflucht: Nur Normalgeld könnte flüchten. Es könnte sich um Bargeld, Spargeld oder Kreditgeld handeln, das in Normalgeld gewechselt werden müßte. Das umlaufende Kreditgeld würde sich dadurch nicht vermindern. Trotzdem würde Kaufkraft entzogen, denn es würde mehr Kreditgeld in Normalgeld getauscht. Das Kreditgeld würde weniger nachgefragt, sein Preis würde gegenüber dem Normalgeld sinken. Da das Kreditgeld aber durch die Geldsteuerung der Notenbank wertgesichert bliebe und auch die Vollbeschäftigung gesichert werden könnte, hat das keine Auswirkungen auf die Konjunktur und das inländische Preisniveau. Es würde aber der Preis für Normalgeld ansteigen. Damit würde der Wert der Spargelder erhöht, Kredite würden verteuert, da sie in Normalgeld gewährt und in Kreditgeld ausgezahlt würden. Das Kreditgeld würde also bereits bremsend wirken, denn der gestiegene Preis für Normalgeld vermindert den Anreiz, das Geld im Ausland anzulegen, weil die Preisdifferenz verdient werden muß. Auf den Devisenmärkten würde der Wert der Währung mit Kreditgeld sinken. Das wäre eine weitere Bremse für den Kapitalexport, denn auch der ungünstige Wechselkurs muß bei dem Kapitalexport verdient werden. Das Normalgeld würde also im Inland teurer und gleichzeitig auf den Devisenmärkten billiger werden. Es bestünde kein Anreiz für den Kapitalexport, da noch das Währungsrisiko hinzukommt, denn man tauscht dann eine wertgesicherte gegen eine mehr oder weniger inflationäre Währung ein.

Wie wären die Auswirkungen auf Export und Import? Wegen des Kursrückganges könnte der Exporteur seine Waren auf dem Weltmarkt billiger anbieten. Für seine Waren erhält er Normalgeld, das er gegen Kreditgeld tauscht, ehe er es auf dem Binnenmarkt ausgibt. Da der Preis für Kreditgeld zurückgehen würde, hätte er hier nochmals einen Vorteil. Umgekehrt wäre die Lage für den Importeur. Der Import würde in dem gleichen Maße erschwert wie der Export erleichtert würde. Das Kreditgeld schützt also den Binnenmarkt und verhindert den Kapitalexport.

Ein Kapitalmangel kann bei dem Kreditgeld ohnehin nicht auftreten, da jeder Kapitalmangel aus eigener Kraft behoben werden kann. Reichen die Spargelder nicht aus, um die Wirtschaft mit Krediten zu versorgen oder würde doch eine Kapitalflucht stattfinden, könnten sich die Banken über die Notenbank refinanzieren. Ob dafür ein Zins erhoben würde, könnte man von der wirtschaftlichen Situation abhängig machen. Notwendig wäre es jedenfalls nicht. Bei dem Kreditgeld spielt sich die Kapitalversorgung nur auf den Guthaben- und Schuldkonten mit dem stillgelegten Normalgeld ab. Wenn Bankkredite aus den Sparguthaben aufgebracht werden, ergäben sich *bei den Banken* die auf der folgenden Seite aufgeführten Vorgänge:

	Normalgeld	Kreditgeld	Forderungen (+) Verbindlichk. (-)
1. Der Bankkunde wechselt Kreditgeld gegen Normalgeld	-	+	
2. Das Normalgeld zahlt er auf sein Sparkonto	+		-
3. Die Bank gewährt Kredite		-	+
Der Dalehensnehmer bucht dann:			
3. Darlehensnehmer		+	-

Bei allen drei Vorgängen hätte sich an der Kreditgeldmenge nichts geändert. Bei 1. und 2. wäre Kreditgeld gegen Normalgeld eingetauscht worden. Das hätte den Geldumlauf verlangsamt. Bei 3. wäre das der Bank zur Verfügung stehende Kreditgeld weitergegeben worden. Das hätte den Geldumlauf wieder beschleunigt. Das Kreditgeld wäre durch die Vermittlung der Banken von der Händen der Sparer in die Hände des Darlehensnehmers gelangt und von ihnen an die Wirtschaft weitergegeben.

Bei einer Kapitalflucht in das Ausland und einer Refinanzierung der Bank durch die Notenbank sähen die Vorgänge *bei den Banken* dann folgendermaßen aus:

	Normalgeld	Kreditgeld	Forderungen (+) Verbindlichk. (-)
1. Kreditgeld wird in Normalgeld gewechselt. Das Normalgeld wird ins Ausland überwiesen	-	+	
2. Die Bank refinanziert sich durch die Notenbank	+		-
3. Die Bank gewährt Kredite		-	+

Der Kreditvorgang würde von der Kapitalflucht nicht berührt. Zur Sicherung des Kredites würden nicht mehr Guthaben der Sparer sondern Guthaben der Notenbank bei den Geschäftsbanken dienen. Die Guthaben der Notenbank würden die Geldumlaufmenge nicht erweitern und somit den Geldwert auch nicht gefährden. Ob das Kreditgeld von den Sparern oder von der Notenbank zur Verfügung gestellt würde, hätte keine Auswirkungen bei der Kreditvergabe. Die Auswirkungen der Kapitalflucht lägen nur in dem bereits besprochenen Sinken des Wechselkurses. Bei der Bereitstellung von Guthaben handelt es sich um reine Sicherungsvorgänge. Geld fließt dabei überhaupt nicht.

Bei den obigen Beispielen ist unterstellt, daß der Wechselkurs der Kreditgeldwährung sinken würde. Diese Annahme ist aber sehr fraglich. Eine kontinuierliche Kurssteigerung würde sich bereits durch die Wertsicherung ergeben, denn die anderen Währungen verlören gegenüber der wertgesicherten

Währung entsprechend ihrer Inflationsrate an Wert. Wahrscheinlich würde die wertgesicherte Währung als internationales Zahlungsmittel genutzt. Dadurch würde die Nachfrage nach der Währung stark ansteigen. Ein Kapitalexport, durch den der Kurs fällt, würde verhindert. Es entstünde sogar der Anreiz, Betriebe in das Kreditgeldgebiet zu verlagern, da nirgends vergleichbar günstiges Kapital angeboten würde.

4. Währungen und internationaler Kapitalverkehr

Währungen schaffen und erhalten Binnenmärkte

Wie Organismen sich durch die Haut von der Umwelt abschließen, sind Staaten durch die Währungen wirtschaftlich von einander abgegrenzt. Diese individuellen Währungsräume haben sich erst seit der Aufhebung der Gold- oder Silberdeckung voll herausgebildet. Vorher waren alle Staaten, trotz eigener Währungen, in gleicher Weise von den Schwankungen des Gold- oder Silberpreises abhängig, von der Verknappung des Edelmetalls durch den steigenden Geldbedarf oder dem zusätzlichen Gold- oder Silberangebot durch Erschließung neuer Quellen oder besserer Förderungsmöglichkeiten.

Im Welthandel wirken - jedenfalls in der Theorie - die verschiedenen nationalen Währungen wie Immunsysteme. Die Landeswährungen schützen die Binnenmärkte und erhalten sie durch das Schwanken der Wechselkurse als eigene Systeme gegenüber den anders verlaufenden Entwicklungen des Weltmarktes. Wenn die Produktivitätsentwicklung eines Landes langsamer verläuft als die des Weltmarktes, steigen die Importe gegenüber den Exporten. Das betreffende Land hat dann ein Handelsbilanzdefizit. Dieses Handelsbilanzdefizit führt zu einem Sinken des Wechselkurses, denn die Währung wird zu wenig nachgefragt. Durch den sinkenden Wechselkurs vermindern sich die Importe, weil man mit der wertloser werdenden Währung im Ausland schlechter einkaufen kann. Dadurch wird das Handelsbilanzdefizit wieder abgebaut. Im Inland wirkt der Importüberschuß gleichzeitig wie eine Geldabschöpfung, denn in Höhe des Importüberschusses muß Binnenwährung aus dem Verkehr gezogen und gegen Devisen eingetauscht werden. Weil dieses Geld fehlt, sinkt die Nachfrage, die Arbeitslosigkeit steigt und die Preise gehen zurück. Die zurückgehenden Preise und der gesunkene Wechselkurs erleichtern wiederum die Exporte, so daß auch von der Ausfuhrseite die Zahlungsbilanz wieder in das Gleichgewicht kommt.

Auf der anderen Seite werden auch Exportüberschüsse durch die Selbstregulierungskräfte des eigenen Währungssystems wieder abgebaut. Bei einem Exportüberschuß besteht im Ausland eine verstärkte Nachfrage nach der Währung des exportierenden Landes. Infolgedessen steigt der Kurs an. Durch den Kursanstieg gehen die Exporte zurück, weil die Waren zu teuer werden. Gleichzeitig kann man mit der wertvoller gewordenen Währung besser einkaufen, so daß die Importe ansteigen. Durch den sinkenden Export und den steigenden Import wird der Exportüberschuß wieder zurückgeführt. Im Inland erhöht sich gleichzeitig die Geldmenge, denn in Höhe des Exportüberschusses werden Devisen gegen zusätzliche Inlandswährung eingelöst. Die zusätzlich umlaufende Geldmenge verstärkt die Nachfrage. Infolgedessen steigen die Preise. Die gestiegenen Preise wirken dann in die gleiche Richtung wie die Erhöhung des Wechselkurses: Die Waren werden teurer und können schlechter verkauft werden.

Die Währungsbarriere bietet aber bei exportabhängigen Ländern nur einen begrenzten Schutz vor den Schwankungen des Welthandels. Wenn die Rohstoffpreise fallen, lösen die zurückgehenden Einnahmen Arbeitslosigkeit und Verschuldung aus. Wenn die Kaufkraft anderer Währungen sinkt, können sie die Waren des Exportlandes nicht mehr kaufen.

Währungsmanipulationen und Devisenspekulation

Diese Währungsgesetzmäßigkeiten können aber nur wirken, wenn die Währungen weder von außen noch von innen manipuliert werden. Ohne Eingriffe müßte ein Export- oder Importüberschuß bereits durch das Ansteigen oder Sinken des Wechselkurses abgebaut werden und sich ein Gleichgewicht zwischen Export und Import einstellen. Dieses Währungsimmunsystem versagt aber regelmäßig, weil andere Faktoren hineinwirken und es zusammenbrechen lassen.

Auf politischen Druck können Notenbanken die Geldmenge erhöhen, so daß die Währungen auch ohne Importüberschüsse an Wert verlieren. Die Währungsbarriere wird ausgeschaltet, um mit dem Geld aus der Notenpresse Löcher im Staatshaushalt zu stopfen oder die Ausfuhr zu fördern.[94]

Manche Staaten haben eine feste Relation ihrer Währung zum Dollar hergestellt, die sie so lange als möglich zu halten suchen. Wertschwankungen des Dollars wirken sich dann positiv oder negativ auf ihre Währung und damit auch ihre Wirtschaft aus. Zwischen den Währungen ergeben sich auch Wechselwirkungen, durch die Währungsschwächen von einem Land auf andere übertragen werden. Die festen Währungen werden in dem Maße aufgewertet, wie die Währungen ihrer Haupthandelspartner abgewertet werden. Wenn z.B. eine feste Währung durch zu hohe Importe um 2% und die Vergleichswährungen um 10% abgewertet wurden, ist das Ergebnis eine achtprozentige Aufwertung der Hartwährung. Die Ursache für die Aufwertung liegt dann in der Währungspolitik der anderen Länder. Trotz eigener guter Wirtschaftspolitik wird die Aufwertung Importüberschüsse und Arbeitslosigkeit verursachen.

Seit es keine Devisenbeschränkungen mehr gibt und das Kapital sich frei über den Globus bewegen kann, werden die Wechselkurse durch gezielte Spekulationsmanöver großer Devisenhändler und die sich anschließende Reaktion der übrigen Händler verändert. Geringfügige Änderungen in den Wirtschaftsdaten einzelner Länder würden die Wechselkurse kaum beeinflussen wenn die Spekulation eingeschränkt würde, z.B. durch Einführung einer Devisenumsatzsteuer. So aber führen Änderungen der Wirtschaftsdaten dazu, den Zukunftstrend spekulativ vorwegzunehmen. Je nach Daten wird die Währung gekauft oder verkauft. Weil täglich riesige Summen im Devisenhandel umgesetzt werden, verstärken sich die kleinen Kursschwankungen zu extremen Ausschlägen. *Allein im*

Devisenhandel wechseln weltweit *täglich* rund 1.500 Mrd. Dollar den Besitzer.[95] Das entspricht in etwa dem Gegenwert des jährlichen deutschen Bruttosozialprodukts. Es sind Gelder aus der besprochenen Vermögensumverteilung, die der Nachfrage entzogen sind. Seit 1982 wachsen auch in Deutschland - nach dem Krieg - die Vermögen schneller als die Realwirtschaft.[96]

Ab- oder Aufwertungen von Währungen werden gezielt herbeigeführt, weil dabei sehr viel Geld verdient werden kann, insbesondere wenn die Währungen innerhalb einer gewissen Schwankungsbreite an feste Kurse gebunden sind, wie bei den Währungen des europäischen Währungssystems vor der Einführung des Euro. Martin und Schumann schildern in ihrem Buch “Die Globalisierungsfalle”, wie im August 1992 Stanley Druckmiller, der Chef des Quantum Fonds aus dem Besitz des US-Milliardärs George Soros, gegen das britische Pfund spekulierte und es in die Knie zwang, so daß es aus dem Europäischen Währungssystem ausscheiden mußte. Druckmiller lieh sich täglich wachsende Summen britischen Pfundes, die er sofort bei britischen Banken gegen DM eintauschte. Um den Kurs zu stützen, mußte die englische Notenbank aus ihren Währungsreserven die Pfunde zurückkaufen. Als die Vorräte erschöpft waren, inzwischen waren gewaltige Summen im Spiel, weil sich andere Spekulanten angeschlossen hatten, kippte der Kurs und innerhalb weniger Stunden verlor das Pfund fast 9% seines Wertes. Der Quantum Fonds verkaufte jetzt die eingetauschten DM, die im Vergleich zum Pfund um 9% gestiegen waren.

Soros gab nachher bekannt, daß allein der Quantum Fonds bei diesem Manöver eine Milliarde Dollar verdient hatte. Dazu kamen die Verdienste der anderen Spekulanten. Auf die gleiche Weise wurden dann in den folgenden Tagen Kursstürze der italienischen Lira, der spanischen Pesete, der schwedischen Krone und des irischen Pfund ausgelöst. Zum Abschluß wandte sich die Spekulation gegen den französischen Franc. Monatelang konnte die Pariser Notenbank alle Angriffe mit Stützungskäufen abfangen. Als dann am 29. Juli 1993 die Deutsche Bundesbank dem Wunsch um Zinssenkung nicht nachkam, brach eine solche Spekulation gegen den Franc aus, daß die Französiche Notenbank 100 Mio. Dollar pro Minute verlor. Zum Schluß des Tages brach der Kurs zusammen. Die Pariser Notenbank hatte 50 Mrd. Dollar umsonst ausgegeben.[97]

Im Mai 1997 führte die Spekulation gegen den thailändischen Baht zur "schwersten Finanzkrise der Nachkriegszeit, die nicht nur die thailändische Wirtschaft in den Abgrund riß, sondern alle asiatischen Tigerstaaten verletzte (...). Insgesamt 30 Mrd. Dollar verlor die Bank von Thailand in ihrem Abwehrkampf, ermittelte jetzt eine Untersuchungskommission in Thailand. An die 8 Mrd. davon, so errechneten die Chefs amerikanischer und deutscher Finanzinstitute in Bangkok, haben sogenannte Hedge-Fonds und mächtige Investmentbanken aus den USA und England verdient. Und anders als vielfach angenommen, waren es nicht asiatische Finanzkünstler, sondern Routiniers aus New York und London, die den Crash in Gang setzten."[98]

Aber auch die Notenbanken selber beteiligen sich gezielt an den Auf- und Abwertungen. Martin und Schumann legen recht überzeugende Indizienbeweise dafür vor, daß die amerikanische Federal Reserve Bank den Sturz des Dollars auf 1,36 DM in den ersten vier Monaten des Jahres 1995 bewußt herbeiführte, um den amerikanischen Export anzukurbeln und den Binnenmarkt vor Importen zu schützen.[99] 1988 vereinbarten die Notenbanken der USA, Japans, der Bundesrepublik und Großbritanniens, den Dollarkurs zu senken. Sie verursachten einen chaotischen Absturz um 30%. Daraufhin hielt sich der Chef der Notenbank des aufstrebenden Malaysia Tan Sri Dato' Jaffar bin Hussein nicht mehr an die ungeschriebenen Notenbankregeln und setzte seine Insiderkenntnisse und den unbegrenzten Kredit der Notenbank ein, um gegen die Währungen der G-7-Länder zu spekulieren. Über verschiedene Banken verkaufte er gezielt jeweils eine der genannten

Währungen in dreistelliger Millionenhöhe und verursachte Kurseinbrüche und Panikverkäufe. Wenn die Währung weit genug runtergegangen war, kaufte er sie zurück und strich die Gewinne ein. Bei dem Zusammenbruch des Europäischen Währungssystems verlor die Malaysische Notenbank dann allerdings durch den unerwartet schnellen Austritt der Briten aus dem EWS 1992 und 1993 fast sechs Mrd. Dollar. Jaffar wurde abgelöst.[100]

Das Bretton-Woods-Abkommen

Nachdem die Golddeckung in den dreißiger Jahren in den meisten Ländern aufgehoben wurde, ging der Welthandel stark zurück. Man führte das darauf zurück, daß für den internationalen Zahlungsverkehr das einheitliche Zahlungsmittel, das Gold, fehlte. Die schwankenden Wechselkurse erschwerten den Warenaustausch. Am Ende des zweiten Weltkrieges versuchte man darum, eine stabile Verrechnungseinheit zu schaffen, die den Zahlungsverkehr zwischen den Ländern erleichtert, um den Welthandel in der Zeit nach dem Krieg wieder zu beleben.

1944 trafen sich Vertreter der Alliierten in Bretton Woods (USA), um für die Zukunft ein Abkommen über die Regelung des internationalen Zahlungsverkehrs zu vereinbaren. Dazu lagen zwei Vorschläge auf dem Tisch: ein Modell des Amerikaners White und ein Entwurf von John Maynard Keynes als Vertreter der britischen Regierung.

Keynes schlug eine internationale Zentralbank vor, über die alle beteiligten Länder ihren Außenhandel abrechnen sollten. Die für die Abrechnung vorgesehene Recheneinheit war an den Goldpreis gekoppelt. Er nannte sie Bancor (Bankgold). Durch Goldeinzahlung sollten Bancorguthaben gebildet werden, die nicht abgehoben werden durften. Damit sollte ein internationales Zahlungsmittel geschaffen werden, das stetig unter den Beteiligten kreiste. Er hatte Regelungen vorgesehen, um sowohl Außenhandelsdefizite als auch Außenhandelsüberschüsse immer wieder abzubauen. Die Länder mit Zahlungsbilanzdefiziten durften ihr Bancorkonto kurzfristig bis zu einer bestimmten Quote überziehen. Für die langfristige Finanzierung sollte eine zusätzliche Institution entsprechend der später entstandenen Weltbank geschaffen werden. Auch die Überschußländer standen unter Anpassungszwang. Bei Erreichen einer bestimmten Quote mußten sie expansive, die Geldmenge ausweitende Maßnahmen ergreifen wie inländische Kreditschöpfung, Aufwertung oder Importförderungsmaßnahmen. Besonders bemerkenswert an dem Vorschlag war die Verzinsung sowohl der Defizite als auch der Guthabenbestände. Durch die Liquiditätsabschöpfung in Form einer Guthabenverzinsung und die anderen Maßnahmen wie der Bancor als internationale Recheneinheit, die untersagte Abhebung von Guthaben und die Anpassungslast für Überschußländer, sollte der Geldumlauf verstetigt und gesichert werden.[101] Die Exportüberschüsse einzelner Länder verursachen notwendigerweise Handelsbilanzdefizite bei anderen Ländern, die sich verschulden, so daß der Welthandel zu stokken beginnt. Keynes wollte die Guthaben verzinsen, damit die Überschußländer von sich aus aktiv werden, ihre Überschüsse abzubauen und mehr zu importieren.

Leider setzten die Amerikaner ihrem Vorschlag durch. Hätten die Briten Keynes Vorschlag durchsetzen können, würde eine internationale Zentralbank verhindern, daß Devisen gehortet werden, weil diese Devisen verzinst werden müßten. Dadurch würde der internationale Geldumlauf verstetigt und Schulden würden nicht mehr in dem Maße aufgebaut wie heute. Die Wechselkurse wären stabilisiert. Diese Methode - nach den Anregungen Gesells – würde für einen konstanten Geldumlauf sorgen und wäre sicherlich von manchen Notenbanken übernommen worden.

White orientierte sich mit seinem Vorschlag an der Golddeckung, da die amerikanische Währung noch goldgedeckt war. Er sah ein System fester Wechselkurse vor, in dem der Dollar und das britische Pfund als internationale Leitwährungen fungierten und die anderen Währungen in ihrem Wert im

Verhältnis zum Dollar und zum Pfund fest fixiert waren. Allerdings schied das Pfund in den Folgejahren bald als Leitwährung aus, weil es durch die Auflösung des britischen Weltreiches so stark an Wert verlor, daß es nicht länger gestützt werden konnte.

Da sich die Währungsgesetze nicht ausschalten lassen - staatlich festgelegte Kurse führten selbst bei den drakonischen Strafen der Ostblockländer zu einem schwarzen Devisenmarkt - und sich die Wechselkurse je nach Produktivitätsentwicklung und Geldmengenpolitik der einzelnen Länder unterschiedlich entwickeln, wurde in Bretton Woods eine Interventionspflicht der Notenbanken vereinbart. Wenn der sich auf den Devisenbörsen ergebende Währungskurs einer der Staaten, die sich dem Bretton-Woods-Abkommen angeschlossen hatten, um mehr als ± 0,75% von der vereinbarten Dollarrelation oder mehr als ± 1,5% von der vereinbarten Kursrelation zu einer der anderen beteiligten Währungen abwich, war die betreffende Notenbank verpflichtet zu intervenieren. Ging der Kurs herunter, mußte sie die eigene Währung mit Dollarbeständen aufkaufen, stieg der Kurs, mußte sie eigene Währung auf dem Devisenmarkt verkaufen. Die erste Maßnahme bedeutete, daß sie die eigene Geldmenge vermindern mußte, denn durch das Aufkaufen der eigenen Währung nahm sie Geld vom Devisenmarkt. Die zweite Maßnahme bewirkte dagegen, daß sie die eigene Geldmenge ausweiten mußte, weil ihr nur neu ausgegebenes Geld zur Verfügung stand, um weitere Dollarbestände aufzukaufen. In beiden Fällen waren ihre Möglichkeiten einer eigenen Notenbankpolitik stark eingeschränkt. Die Geldmengenpolitik des Dollars und die Produktivität der amerikanischen Wirtschaft waren für alle Währungen, die sich dem Bretton-Woods-Abkommen angeschlossen hatten, bestimmend.

Staaten mit einer höheren Inflationsrate als der Dollar waren bald nicht mehr in der Lage, das Bretton-Woods-Abkommen einzuhalten, weil ihnen die Dollarbestände fehlten, um ihre inflationäre Währung aufzukaufen. Sie konnten dann einen Kredit vom Internationalen Währungsfond (IWF) erhalten, mußten aber streng darauf achten, daß sie ihr Zahlungsbilanzdefizit abbauten und einen Überschuß erzielten, aus dem sie dann den Kredit des IWF zurückzahlen sollten. Das führte dann in den betroffenen Ländern zu Arbeitslosigkeit, weil die Geldmenge und damit die Nachfrage vermindert wurde. Leider waren in dem Abkommen keine Abwertungsmöglichkeiten vorgesehen, wenn wirtschaftsschwache Länder den festgesetzten Kurs längere Zeit nicht halten konnten. Durch die Abwertung hätte ihr Binnenmarkt ohne Arbeitslosigkeit funktionsfähig weiterarbeiten können, weil sie ihre Produkte billiger auf dem Weltmarkt anbieten könnten. So wurden sie vom IWF abhängig. Dagegen mußten Staaten, die eine strengere Geldmengenpolitik als die USA betrieben oder produktiver arbeiteten, ihre Geldmenge beständig ausweiten, um der Aufwertung entgegenzuwirken.

Damit der Dollar als Leitwährung nicht an Wert verlieren konnte, mußten die USA eine Goldeinlösegarantie für Dollarbestände abgeben. Diese Goldbindung führte das Ende des Bretton-Wood-Abkommens herbei. Obwohl relativ wenig Dollar gegen Gold eingelöst wurden, weil die nationalen Notenbanken wertbeständige Dollar horteten, um die Devisengeschäfte mit Gewinn abwickeln zu können, schmolzen die Goldvorräte Amerikas allmählich dahin. Der Dollar wurde zugleich nationale Währung und internationale Leitwährung. In dem Bretton-Woods-Abkommen waren keine Liquiditätsabschöpfungen für das Horten von Dollars, entsprechend Keynes Vorschlag, vorgesehen. Es wurde aber gängig, Dollar zu horten, weil es kein wertbeständigeres Geld gab. Die gehorteten Dollar wurden aus den USA abgezogen. Das Federal Reserve Board mußte kontinuierlich Dollar nachdrucken, damit in den USA keine Deflation ausgelöst würde. Diese Erweiterung der Geldmenge war scheinbar risikolos für die USA, denn der Wert des Dollars wurde von den anderen beteiligten Staaten garantiert.

Als die Bundesrepublik dem Abkommen 1952 beitrat, wurde das Verhältnis der DM zum Dollar mit ca. 1 : 4 festgelegt. 4 DM entsprachen dem Wert eines Dollars. Durch diese feste

Parität wurde das deutsche Wirtschaftswunder sehr gefördert. Durch die Währungsreform war die Bundesrepublik von Zinslasten weitgehend befreit. Die Unternehmen konnten sich verschulden und bauten völlig neue Fertigungen auf. Die Produktivität stieg stärker als in den USA. Weil hohe Exportüberschüsse erzielt wurden, stieg die DM im Wert und die deutsche Notenbank mußte ständig Dollar aufkaufen, um eine DM-Aufwertung zu verhindern. Das konnte sie nur, indem sie die Geldmenge erweiterte. Die Folge war ein konstanter Exportboom, denn die deutschen Produkte waren gegenüber den anderen Ländern zu billig. Gleichzeitig wurde der deutsche Markt durch den DM-Kurs gegenüber Importen wie durch Zölle geschützt, denn die DM war zu unterbewertet, um günstig importieren zu können. Die Entwicklung in Japan verlief ähnlich.

Durch die Ausweitung der Geldmenge stiegen natürlich in der Bundesrepublik die Preise. Der deutsche Wirtschaftsboom wurde durch eine stetige Inflation bezahlt. Die Inflationsverluste kamen den USA zugute, denn sie stützte den Dollar. Von linker Seite wurde daher den USA der Vorwurf gemacht, sie hätten sich durch das Bretton-Woods-Abkommen einen Zugriff auf das deutsche Sozialprodukt verschafft. Die deutschen Dollar-Stützungskäufe seien nichts anderes gewesen als eine Entwicklungshilfe an die USA, die noch dazu geholfen hätte, den Vietnamkrieg zu finanzieren.[102] So einseitig waren die Vor- und Nachteile des Abkommens aber nicht verteilt, denn die festen Wechselkurse hatten für die deutsche Seite auch erhebliche Vorteile. Die Geldmenge hätte ohnehin erweitert werden müssen, wenn auch nicht in dem Umfang. Sie wurde durch Stützungskäufe für den Dollar abgewickelt, statt durch Kredite der Bundesbank an die Geschäftsbanken. Nachdem der Dollar nicht mehr gestützt wurde (1971), stiegen die Kredite der Geschäftsbanken auch entsprechend an.[103]

Von der Wertfixierung des Dollars profitierten insbesondere Deutschland und Japan. Durch die Exportförderung und Importerschwerung herrschte bei ihnen Vollbeschäftigung mit kontinuierlich steigenden Steuereinnahmen und relativ niedrigen Ausgaben für Arbeitslosengeld und Sozialhilfe, während die Vereinigten Staaten mit Arbeitslosigkeit zu kämpfen hatten. Mit dem überbewerteten Dollar konnten die Waren günstiger im Ausland eingekauft als in den USA hergestellt werden.

Das Bretton-Woods-System begann sich aufzulösen, als die französische Regierung unter Charles de Gaulle 1969 ihre Dollarguthaben in Gold einlösen wollte. Die amerikanischen Goldbestände waren nämlich inzwischen so weit abgeschmolzen, so daß sie kaum mehr ausreichten, um die Forderungen nur eines der inzwischen ca. 100 Mitglieder zu begleichen. Die Franzosen nahmen ihre Forderung zurück, aber trotzdem mußten die USA 1971 die Goldeinlösegarantie aufgeben. Damit war das Vertrauen in den Dollar als Leitwährung erschüttert. Es kam zur Freigabe des Kurses der DM und zu einer Erweiterung der Bandbreite auf 2%, ab der die Interventionspflicht der Notenbanken einsetzte. 1973 mußte dann auch die Dollarankaufspflicht der anderen Zentralbanken aufgehoben werden.

Bei dem Zusammenbruch des Bretton-Wood-Systems waren die amerikanischen Goldvorräte erschöpft und der Dollar um mehr als die Hälfte abgewertet. Die USA wurden vom größten Gläubigerland zum größten Schuldnerland. Von dem festen Dollarkurs hatten die von den USA aus operierenden Konzerne und Banken profitiert, denn sie konnten sich mit dem wertvollen Dollar überall einkaufen. Der Verlierer war der amerikanische Bürger, dessen Geld entwertet wurde.

Die Grundidee des Bretton-Woods-Abkommens, die Stabilisierung der Wechselkurse und Ausschaltung der Währungsspekulation hat sich in einer 26 Jahre expandierenden Weltwirtschaft bewährt. Hätte sich Keynes mit seinem Vorschlag durchsetzen können, wäre das Abkommen vermutlich immer noch in Kraft. Früher oder später wird eine neue Vereinbarung getroffen werden müssen. Es ist zu hoffen, daß dann die Vorschläge von Keynes aufgegriffen werden.

Die Entstehung der Europäischen Währungsunion

Nach dem Zusammenbruch des Bretton-Woods-Systems versuchten die Staaten der Europäischen Gemeinschaft (EG) eine neue Zone stabiler Wechselkurse zu schaffen. Sie gründeten im April 1972 den Europäischen Wechselkursverbund und beschlossen, die Wechselkurse unter- einander und gegenüber dem Dollar innerhalb einer Bandbreite von ± 2,25% zu stabilisieren. Bei Erreichen des oberen oder unteren Interventionspunktes, wenn also die 2,25% nach oben oder unten überschritten wurden, waren die beteiligten Notenbanken zu unbegrenzter Intervention verpflichtet bis der Kurs wieder innerhalb der Bandbreite lag. Die Bandbreite gegenüber dem Dollar mußte aber bereits 1973 aufgegeben werden, weil der Dollar zu viel an Wert verloren hatte. Es gelang auch nicht, die Kurse aller beteiligten Währungen zu halten. Dänemark mußte im Sommer 1972 vorübergehend ausscheiden, Großbritannien trat schon wenige Monate nach seinem Beitritt 1973 wieder aus, kurz darauf folgten Italien und Irland. Auch Frankreich schied von Anfang 1974 bis Mitte 1975 aus. Von den ursprünglich acht Mitgliedern blieben nur fünf übrig.

1978 ergriffen der damalige deutsche Bundeskanzler Helmut Schmidt und der seinerzeitige französische Staatspräsident Gistard d´Estaing die Initiative, ein Europäisches Währungssystem (EWS) zu errichten, um eine stabile Währungszone in Europa zu schaffen. Dieses Währungssystem trat am 1.Januar 1979 in Kraft. Ihm gehörten sämtliche EG-Mitglieder an. Die neu hinzukommenden Mitglieder Spanien, Portugal und Griechenland traten später bei. Die beteiligten Staaten vereinbarten wiederum eine Interventionspflicht der jeweiligen Notenbanken sobald die eigene Währung gegenüber der eines Mitgliedes um ± 2,25% vom festgelegten Kurs abwich. Als Zahlungsmittel zum Saldenausgleich unter den EWS-Notenbanken und als Rechengröße für Kredite wurde der ECU geschaffen (European Currency Unit). Dabei handelt es sich um einen aus den beteiligten Währungen geschaffenen Durchschnittswert, bei dem die Währungen entsprechend dem Anteil am europäischen Handel und dem europäischen Sozialprodukt gewichtet wurden. Das EWS arbeitete erfolgreich. 1986 mußte allerdings Frankreich vorübergehend austreten bis man sich auf eine Neuanpassung der Wechselkurse geeinigt hatte.

Im März 1990 wurde von der EU beschlossen, daß die Mitgliedsstaaten ihre Wirtschafts- und Währungspolitik stärker auf einander abstimmen, um eine größere Annäherung (Konvergenz) ihrer Märkte als Voraussetzung eines gemeinsamen europäischen Binnenmarktes zu schaffen. Damit wurde *die erste Stufe* der angestrebten Europäischen Wirtschafts- und Währungsunion eingeleitet, die am 1. Juli 1990 begann und bis Ende 1993 währte. Inzwischen waren die Beschränkungen des internationalen Kapitalverkehrs gefallen und für das EWS brach eine Zeit großer Schwierigkeiten an, weil es dem freien Devisenhandel ausgeliefert war. Beim Eintritt Großbritanniens im Oktober 1990 war das britische Pfund zu hoch bewertet, was zu einer Belastung für die englische Wirtschaft wurde. Die bereits geschilderten Spekulationen zwangen Großbritannien und Italien 1992 zum Austritt aus dem EWS. 1993 wurde dann gegen den französischen und belgischen Franc sowie die dänische Krone spekuliert. Sie wurden zugunsten von DM verkauft. Um den Wechselkurs zu sichern, mußten sich die betroffenen Länder dem damals sehr hohen deutschen Zinsniveau anpassen. Insgesamt wurde die DM vom September 1992 bis zum Mai 1993 fünfmal aufgewertet. Als Frankreich seine Zinsen senkte, wurde das zum Auslöser für die geschilderte Spekulation gegen den Franc. Eine Zinssenkung kam für die deutsche Bundesbank nicht in Frage, die eine inflationäre Wirkung befürchtete. Trotz Stützungskäufen von 30 Mrd. DM stagnierten einige europäische Währungen am unteren Interventionspunkt. In dieser Lage vereinbarten die EG-Finanzminister und Notenbankpräsidenten am 1. August ein vorübergehendes Aussetzen des EWS-Verbundes und ein Floating der Währungen um ± 15%. Lediglich für die DM und den holländischen Gulden blieb die alte Interventionsmarke von 2,25% bestehen.

Am 1. Januar 1994 begann die zweite Stufe der Europäischen Wirtschafts- und Währungsunion. Während der zweiten Stufe mußten sich die EU-Staaten darum bemühen, die strengen Bedingungen fünf sogenannter Konvergenzkriterien zu erfüllen: Sie bezogen sich auf die Inflationsrate, die Neuverschuldung, die Staatsverschuldung, die nominellen Zinssätze und die Währungsstabilität. Auch während der zweiten Phase der Europäischen Währungsunion setzten sich die Schwierigkeiten fort. Im März 1995 gerieten die spanische Peseta und der portugiesische Escudo unter so starken Druck, daß sie um sieben bzw. 3,5% abgewertet werden mußten. Das führte wiederum zu einer Aufwertung der DM und des seit dem 1. Januar 1995 zum EWS gehörenden österreichischen Schillings.[104] Die Konvergenzkriterien wurden zwar nicht von allen Staaten erreicht, auch nicht von Deutschland, aber die Währungsunion trat am 1.1.1999 in Kraft.

Der Euro

Mit der Errichtung der Europäischen Währungsunion wurde das Europäische System der Zentralbanken (ESZB) der Träger der Geldpolitik. Dieses System besteht aus den nationalen Notenbanken und der allein für die Geldpolitik verantwortlichen Europäischen Zentralbank (EZB). Die Europäische Zentralbank ist mit weitgehenden Vollmachten ausgestattet worden: 1. Sie ist institutionell unabhängig, d.h. unabhängig von den nationalen Notenbanken. 2. Sie ist operativ unabhängig, d.h. frei in der Anwendung der geldpolitischen Instrumente. 3. Sie ist personell unabhängig. Der Präsident wird für acht Jahre gewählt. Eine Wiederwahl ist danach nicht möglich. Die übrigen Mitglieder des EZB-Rates, das sind die Präsidenten der teilnehmenden Notenbanken, werden auf fünf Jahre ernannt und können wieder gewählt werden. 4. Sie ist finanziell unabhängig. Dazu erhielt sie ein Startkapital von 5 Mrd. ECU (ca. 9,4 Mrd. DM) und anfängliche Währungsreserven von 50 Mrd. ECU (ca 94 Mrd. DM).

Die Europäische Zentralbank hat das ausschließlich Recht, die Ausgabe von Banknoten zu genehmigen. Ebenso liegt die Ausführung der geldpolitischen Entscheidungen der Gemeinschaft in ihrer alleinigen Kompetenz. Allerdings verpflichtet die Unabhängigkeit sie trotzdem zur Erfüllung des Stabilitätsauftrages.[105]

Vorbild für die Unabhängigkeit der Europäischen Zentralbank war die Deutsche Bundesbank. Die Kompetenzen der EZB gehen aber über die der Deutschen Bundesbank hinaus, weil sie nicht in gleicher Weise in die politischen Entscheidungsprozesse eingebunden ist. Sie kann es gar nicht sein, weil eine vergleichbar kompetente mit Exekutivvollmacht ausgestattete einheitliche politische Ebene in Europa nicht besteht. Die Unabhängigkeit der Deutschen Bundesbank war funktionsbezogen und bezog sich ausschließlich auf die Ausübung der währungspolitischen Befugnisse, worunter man die Festlegung der Leitzinsen, der Kredit- und Offenmarktpolitik[106] sowie der Mindestreservesätze versteht. Ansonsten war die Bundesbank ein an Verfassung und Verwaltungsrecht gebundenes Exekutivorgan der Bundesregierung. Das Bundesbankgesetz sah vor, daß die Mitglieder der Bundesregierung an den Sitzungen des Zentralbankrates teilnehmen konnten. Der Bundesbankpräsident sollte zu Beratungen über währungspolitische Angelegenheiten hinzugezogen werden. Außerhalb des Kernbereichs der Währungspolitik, z.B. in Bezug auf die Bankaufsicht und das Außenwirtschaftsrecht hatte die Bundesbank keinen weisungsfreien Entscheidungsraum.

Insbesondere war ihre Unabhängigkeit nach herrschender Auffassung keineswegs verfassungsrechtlich abgesichert, denn in Artikel 88 Grundgesetz wird lediglich festgestellt: "Der Bund errichtet eine Währungs- und Notenbank als Bundesbank." Die Bundesbank war in ein komplexes System von faktischen Abhängigkeiten, von Konsultationen und Abstimmungen auf allen möglichen staatlichen und außerstaatlichen Ebenen eingebunden. Sie wirkte in Gremien mit wie dem Konjunkturrat, dem Finanzplanungsrat oder dem Zentralen Kapitalmarktausschuß.[107] Vergleichbare Gremien gibt es in der EU nicht, weil die Entscheidungen auf nationaler Ebene fallen, auch wenn sie untereinander abgestimmt werden sollten, wobei zumindest zweifelhaft ist, ob das angesichts der oft gegenläufigen Interessen überhaupt möglich ist. Gegenüber den unterschiedlichen, einander oft widersprechenden Interessenlagen und Intentionen der europäischen Regierungen könnte sich die Europäische Zentralbank in Zukunft als entscheidende unabhängige Macht etablieren, von der die europäischen Regierungen abhängig werden.

An dem Ideal einer unabhängigen Zentralbank, die unbeeinflußt von den wechselnden politischen Strömungen den Geldwert sichern soll, wird deutlich, daß der Europäischen Währungsunion ein Währungskonzept zugrunde liegt, das dem Goldstandard verwandt ist. Man will eine wertbeständige Währung schaffen, die durch eine unabhängige Instanz garantiert werden soll, wenn auch nicht mehr durch das Gold so wenigstens durch die Europäische Zentralbank.

Solange durch die Zinsen Vermögen nicht nur linear sondern sogar exponentiell anwachsen, wird es auch in der EU keine Geldwertstabilität geben. Das ist real nicht möglich. Bei einer Verzinsung von nur 5% verdoppelt sich das Geldvermögen in nicht ganz 15 Jahren. In etwa 29 Jahren hat es sich vervierfacht und in etwa 48 Jahren verzehnfacht. Wo soll das Realvermögen herkommen, das diesem Wachstum entspricht? Eine wertbeständige Währung ist nur möglich, wenn man den Zinseffekt in irgendeiner Form wieder abschöpft. Sonst kann die ungleiche Entwicklung zwischen Geldvermögen und Realvermögen nur durch eine Inflation oder einen Zusammenbruch der Wirtschaft korrigiert werden. Vorübergehend können allerdings alle Preise relativ stabil bleiben und nur die Geldanlagen inflationär im Wert steigen. Dieser imaginäre Wertzuwachs besteht aber nur bis zum nächsten Kurssturz.

Auch Milton Friedmann, einer der maßgeblichen neoliberalen Wirtschaftswissenschaftler, sehnt sich nach der golddeckten Währung. Er schreibt:

"Könnte man eine automatische Währung anwenden, wäre das eine ausgezeichnete Lösung für das Dilemma der Liberalen: ein stabiler monetärer Rahmen, worin es keine verantwortungslose Ausübung geldpolitischer Macht geben kann. Wenn zum Beispiel eine grundsolide Goldwährung, bei der 100% des Geldes in einem Land buchstäblich aus Gold bestünden, von der ganzen Bevölkerung gestützt würde, die wiederum von der Mythologie des Goldstandards durchdrungen wäre und in dem Glauben lebte, es wäre unmoralisch und unrecht von der Regierung, hier einzugreifen, so wäre das die absolute Garantie dafür, daß die Regierung die Währung nicht manipuliert oder eine unverantwortliche Geldpolitik betreibt. Bei einer solchen Währung wäre die monetäre Macht der Regierung äußerst gering."[108]

Die automatische Währung ist möglich, aber nur mit Liquiditätsabschöpfungen. Friedman sieht nur die über die Notenbank ausgeübte politische Macht, aber nicht die Macht der Geldbesitzer. Er sieht nicht, daß die Zinszahlungen die Krisen hervorrufen, weil sie die Geldvermögen über das hinaus anwachsen lassen, was an Werten überhaupt geschaffen werden kann.

Der Goldwährung haftet ein irrationaler, die Realität idealisierender Mythos an, denn bereits zu den Zeiten der goldgedeckten Währungen vor dem 1.Weltkrieg traten immer wieder schwere Wirtschaftskrisen auf, die durch das Horten des Geldes hervorgerufen wurden. Das Geld wurde gehortet, sobald durch äußere Ereignisse wie gute Ernten oder Goldverknappung der Wert des Geldes stieg. Es war auch ein Leichtes, solches Horten gezielt herbeizuführen. Man erreichte damit einen Preissturz der Wertpapiere, die man verkaufte ehe man die Krise auslöste und dann zu einem billigen Preis zurückkaufte, wenn der Kurs gefallen war.

Auch die große Weltwirtschaftskrise, die 1929 von den USA ausging und bis in das erste Drittel der Dreißiger Jahre währte, war eine Goldwährungskrise, eine Deflationskrise, denn der Dollar war damals noch goldgedeckt. Von Juli 1929 bis März 1933 sank die Geldmenge in den USA um ein Drittel, ausgelöst durch bankrott gehende Banken. Nachdem die Kunden das Vertrauen in die Banken verloren hatten, hoben sie ihre Gelder ab. Die Banken konnten diesem Ansturm nicht standhalten, weil die Gelder zum großen Teil verliehen waren. Das Federal Reserve Board war mit allen Vollmachten ausgestattet, um die Banken vorübergehend mit Liquidität zu versorgen, tat das aber nicht.[109]

Die gegenwärtige Zinsproblematik bestand bei der goldgedeckten Währung allerdings so nicht. Weil der Währungswert immer gesichert blieb, konnten nicht mehr Zinsen erhoben werden als reale Werte vorhanden waren oder erarbeitet wurden. Die Zinsen bewirkten Vermögensumschichtungen aber keine Inflation. Durch die Vermögensumschichtungen entstand aber ebenfalls Arbeitslosigkeit, denn auch bei der Golddeckung wandert das Geld durch die Zinsen von denjenigen, die es ausgeben würden, zu denjenigen, die es ganz oder teilweise sparen.

Die Ziele der Eurowährung wurden am 18. Januar 1996 von dem damaligen französischen Finanzminister Jean Arthuis in einer Diskussion bei der European Finance Foundation in Frankfurt dargestellt. Mit dem Euro soll eine der führenden Reservewährungen der Welt geschaffen werden, die auf einen Binnenmarkt mit rund 400 Millionen Bürgern gestützt ist. Auf diese Weise soll Europa mit den USA gleichziehen und über die Steuerung der Wechselkurse ein Instrument in die Hand bekommen, das wichtiger ist als jede Art von Importzöllen.[110]

Zunächst sah es aus als ob dieses Ziel verfehlt würde, denn der Euro fiel gegenüber dem Dollar im Wert. Das scheint der wirtschaftlichen Logik zu widersprechen, denn die Konjunkturdaten in Euroland sind gut. Die Vereinigten Staaten erleben dagegen zur Zeit (Januar 2001) einen Konjunktureinbruch. Sie sind das höchstverschuldete Land der Welt. Die Gesamtschulden betrugen Ende 1999 25.000 Mrd. $. Etwa 5.000 Mrd.$ (unverändert seit 1993) entfallen davon auf den öffentlichen Sektor, gut die Hälfte auf die Unternehmen.[111] Die Schuldenlawine wächst unaufhörlich weiter. 1999 erreichte die jährliche Neuverschuldung in den USA den Wert von 1.087 Mrd. Dollar. Das ist etwa der Wert des gesamten deutschen Bruttosozialprodukts. Die Verschuldung entsteht nicht nur durch das Wachsen der Vermögen in den USA. Auch gegenüber dem Ausland steigt die Verschuldung konstant an. Der Import übersteigt den Export inzwischen täglich um mehr als eine Mrd. Dollar.

Wie ist es bei diesen Zahlen möglich, daß der Dollar trotzdem mit so stabilen Kursen gehandelt wird? Müßte die amerikanische Bundesbank, das Federal Reserve Board, nicht versuchen, eine Dollarabwertung herbeizuführen, um die Binnenkonjunktur zu stützen, den Export zu fördern und die Schulden abtragen zu können? Das wäre leicht möglich, indem sie mit geschöpftem Geld Euro aufkauft.

Der überbewertete Dollar wird dadurch gestützt, daß er internationale Reservewährung ist. Banken und Privatpersonen aus Ländern mit schwachen Währungen suchen ihre Devisen, Gewinne und Einkommen zu sichern, indem sie diese in Dollar umtauschen, sei es als Bargeld, Bankguthaben oder Wertpapiere. Auch die Gläubigerbanken der USA, das sind vor allem Banken in Europa und Japan, sind an einem hohen Dollarkurs interessiert und werden entsprechend an den Devisenmärkten intervenieren, denn sie möchten den Wert ihrer Investitionen und Darlehen in den USA sichern. Ein Sinken des Dollarkurses wäre in der gegenwärtigen Situation bei der Auslandsverschuldung der Vereinigten Staaten sehr gefährlich. Es könnte einen Dominoeffekt auslösen. Wenn erst einmal die ersten Steine herausgezogen sind, bricht das ganze Gebäude zusammen. Wenn der Dollarkurs zu sinken beginnt, wird der Euro als Reservewährung benutzt, und die Gläubiger beginnen ihr Kapital aus den USA herauszuziehen. Das kann sehr schnell einen abrupten Dollarsturz und eine weltweite Wirtschaftskrise auslösen. Trotz des niedrigen Kurses ist gegenwärtig nicht der Euro gefährdet sondern der Dollar. Diese Meinung widerspricht dem, was man in den Medien lesen kann. Sie kann von verantwortlichen Wirtschaftsführern, Bankpräsidenten und Politikern nicht ausgesprochen werden, weil das Spekulationen auslösen und den Zusammenbruch des Dollars herbeiführen könnte.

Trotz des schlechten Kurses ist der Euro in Europa zur Zeit stabil. Ob es richtig war, eine einheitliche Währung einzuführen, kann man aber erst langfristig sehen. Die Argumente der hundert deutschen Wirtschaftsprofessoren, die sich gegen den Euro aussprachen, sind mit zwei positiv verlaufenen Jahren noch nicht widerlegt. Es spricht viel dafür, daß sie doch noch Recht bekommen, denn die Währungsunion läuft darauf hinaus, die vielen durch eigene Währungen einigermaßen geschützten nationalen Binnenmärkte zugunsten eines großen europäischen Marktes aufzulösen. Die unterschiedlichen Währungsstärken der europäischen Staaten waren auf ungleiche Geldpolitik und ungleiche Produktivität zurückzuführen. Diese Unterschiede werden durch den Euro zu Lasten der schwächeren Länder eingeebnet. In den beteiligten Ländern entsteht ein relativ einheitliches Preisniveau mit unterschiedlichen Verdiensten. In den produktiven Regionen ist der Lebensstandard am höchsten. Die fähigsten Arbeitskräfte werden langfristig in diese Regionen abwandern. In den schwächeren Regionen entsteht ein Druck, die Löhne anzugleichen, da auch die Preise gleich sind. Die höheren Löhne können aber bei der niedrigeren Produktivität nicht erwirtschaftet werden. Darum dürfte der Euro gerade nicht zu dem angestrebten Ziel führen, die schwachen Regionen zu fördern. Ein gutes Beispiel für die zu befürchtende Entwicklung ist die deutsche Wiedervereinigung. Das erhoffte Wirtschaftswunder fand in Ostdeutschland nicht statt. Die Entwicklung der westdeutschen Länder verlief positiver als die der ostdeutschen. Auch die Arbeitsligkeit ist in Ostdeutschland konstant höher als in Westdeutschland und geht weniger zurück. Durch einen jährlichen Nettotransfer von über 150 Mrd. DM[112] werden die ostdeutschen Länder an das Westniveau angeglichen.

Die deutsche Wiedervereinigung führte dazu, daß Befürchtungen einer deutschen Vorherrschaft in Europa sich wieder belebten. Ziel der Europäischen Währungsunion war auch, diese Gefahr zu bannen, indem Deutschland als stärkste Wirtschaftsmacht in die Gemeinschaft der übrigen europäischen Staaten eingebunden wird, ein Ziel, das von der deutschen Regierung voll bejaht wird. Es ist aber zu befürchten, daß gerade dieses Ziel nicht erreicht wird. Deutschland wird durch den Euro zu Lasten der anderen Länder noch mehr gestärkt, zum Schaden Europas und zum eigenen Schaden. Wenn keine gravierenden Änderungen eintreten, spricht vieles dafür, daß die wirtschaftliche Entwicklung so verläuft, daß Deutschland die Last der Ausgleichszahlungen für die schwachen Länder übernehmen muß und diese von Deutschland abhängig werden.

Kreditgeld im Rahmen der Europäischen Währungsunion

Bei der Europäischen Währungsunion hat die Europäische Zentralbank (EZB) das ausschließliche Recht, die Ausgabe von Banknoten zu genehmigen. Die Einführung eines per Geldschöpfung ausgegebenen Kreditgeldes müßte von der EZB genehmigt werden. Das wiederum würde Vereinbarungen auf EU-Ebene voraussetzen.

Weil mit dem Kreditgeld die Vollbeschäftigung wirkungsvoll in Angriff genommen werden könnte und die Arbeitsmarktlage in den verschiedenen europäischen Staaten sehr unterschiedlich ist, wäre es sinnvoll, das Kreditgeld innerhalb der EU nur innerstaatlich einzusetzen. Das würde auch die durch den Euro bewirkte Abhängigkeit aller Länder von dem stärksten Partner beseitigen. Sollten sich mehrere Staaten für den Einsatz von Kreditgeld entscheiden, wäre es besser, keinen Kreditgeldverbund zu bilden, weil das Kreditgeld gerade das ermöglicht, was die Einheitswährung nicht gestattet: innerhalb Europas zu individualisieren und auf die besonderen Bedürfnisse der einzelnen Länder einzugehen. Zahlungen zwischen den europäischen Staaten müßten dann immer in Normalgeld-Euro abgewickelt werden.

Vor einer Vereinbarung über Euro-Kreditgeldwährungen, die mit einer Geldschöpfung durch die Notenbanken verbunden wäre, könnten bereits Erfahrungen mit dem Kreditgeld gesammelt werden. Dazu müßte der andere beschriebene Weg beschritten wird, Darlehen auf dem Geldmarkt aufzunehmen und diese von der Notenbank in Kreditgeld umwidmen zu lassen. Dabei würden weder Banknoten ausgegeben noch die umlaufende Geldmenge erhöht. Wie gezeigt, würden auch mit diesem Kreditgeld die Geldkosten der öffentlichen Hand drastisch, nämlich um etwa zwei Drittel, gesenkt.

Auch wenn das Kreditgeld nur für Einzelprojekte der öffentlichen Hand eingesetzt würde, ergäbe sich ein anderer Preis für Kreditgeld als für Normalgeld. Trotz der Belastung mit 1% Tilgung monatlich würde es von denjenigen gekauft, die es schneller als einmal monatlich umsetzen. Der Preis würde darum weniger als 1% unter dem des Normalgeldes liegen. Wenn wenig Kreditgeld auf dem Markt wäre, stiege der Preis. Die Notenbank könnte auch den Einsatz dieses Kreditgeldes anhand der Preisdifferenz zwischen Normalgeld und Kreditgeld steuern.

5. Vorschlag eines neuen Unternehmensrechts

Zur Entwicklung der Kapitalgesellschaften

Die Kapitalgesellschaften entstanden in der Neuzeit. Ihre Geschichte beginnt mit der Gründung der Britischen Ostindischen Kompagnie im Jahre 1600. Zwei Jahre später folgte die Gründung der Niederländischen Ostindischen Kompagnie. Vorläufer waren Seepartnerschaften. Genuesische und venezianische Kaufleute rüsteten Schiffe aus und verkauften Anteile an diesen Unternehmen, um die Kosten aufbringen zu können. Die Anteilseigner waren dann am Gewinn beteiligt. Die Ostindischen Kompagnien gaben ebenfalls Anteile aus. Gesellschafter waren das Königshaus und Angehörige der damals herrschenden Schicht.

Die Rechtsstruktur dieser Kompagnien spiegelte die damalige feudale Ordnung wieder. Damals war es selbstverständlich, daß der Feudalherr weitgehende Befugnisse hatte. Er konnte nicht nur Abgaben einfordern sondern auch über die Berufswahl und die Eheschließung der von ihm Abhängigen entscheiden. So war es auch selbstverständlich, daß die feudalen Geldgeber nicht nur am Eigentum und Gewinn der Kompagnien beteiligt waren sondern auch die Unternehmer nach ihrem Willen ein- und absetzen konnten. In anderen Worten: Mit dem Kapital war selbstverständlich das Recht verbunden, das Unternehmen zu führen, obwohl man nicht selbst tätig war. Diese Grundstruktur der Kapitalgesellschaften blieb bis heute erhalten. Kapitalgesellschaften sind seither nicht selbstbestimmt sondern fremdbestimmt. Ihre Feudalstruktur gilt für alle Ebenen. Die einem Konzern angegliederten Unternehmen führen ihre Gewinne an die Konzernspitze ab, von der die Vorstände der Unternehmen ein- und abgesetzt werden und die auch über die Produktion, den Standort oder die Finanzierung entscheidet. Die Konzernspitze wiederum arbeitet für die Aktionäre, die über den Aufsichtsrat den obersten Vorstand ein- und absetzen und die für das Unternehmen wesentlichen Entscheidungen treffen. So ist jeder fremdbestimmt von der untersten bis zur obersten Ebene. Alle arbeiten letztlich nur für außerhalb des Unternehmens stehende Aktionäre. Diese Aktionäre sind sie oft zugleich selbst, meist über Banken oder Fonds, die sie vertreten. Alle beugen sich dem Zwang des Geldes, das sie von außen beherrscht. In dem System kann niemand dauerhaft aus eigener Verantwortung arbeiten. Jeder wird von einer anderen Instanz beherrscht. Die letzte Entscheidung haben dann die Aktionäre, und das sind ausgerechnet diejenigen, die gar kein Interesse an dem Unternehmen selbst haben sondern ihr Vermögen je nach Stand der Dividende und des Shareholder-Values von einer Gesellschaft zur anderen umschichten und wie dargestellt durch ihre Spekulationen ganze Volkswirtschaften zugrunde gerichtet haben. Es ist ein System von Abhängigkeiten und Angst von oben nach unten. Warum sollten sich freie Menschen einer solchen Sinnlosigkeit beugen, wenn es nicht notwendig ist?

Weil es wirtschaftlicher ist, wird heute in den Unternehmen die Feudalstruktur aufgebrochen. Teamwork und Eigenverantwortung sollen sie ersetzen. Das Wirtschaftsrecht, das die Selbständigkeit und Eigenverantwortung sichern muß, wurde aber bisher nicht geändert. So dient die größere Eigenverantwortung und Selbständigkeit wie gehabt weiterhin nur den Aktionären.

Mit der Industriealisierung nahmen die Kapitalgesellschaften einen vorher nicht voraussehbaren Aufschwung. Sie waren in der Lage, das für die Mechanisierung benötigte Kapital bereitzustellen. Ihnen floß der Liquiditätsvorteil des Geldes in größerem Maße zu als den Personengesellschaften. In der Mitte des 19. Jahrhunderts begann in Deutschland die Industriealisierung. Bereits 1882 waren 26% aller gewerblich Tätigen in der Großindustrie beschäftigt, die überwiegend aus Kapitalgesellschaften bestand. Schon 1907 hatte sich die Zahl auf 45% erhöht.[113] Zwischen den beiden Weltkriegen bauten die deutschen Konzerne ihre Vormachtstellung weiter aus. Der mächtigste Konzern entstand 1925 durch den Zusammenschluß der größten deutschen Chemieunternehmen. Verschiedene große Farbenfabriken übertrugen ihr Vermögen auf die Badische Anilin- und Sodafabrik (BASF), die sich in I.G. Farben umbenannte und ihrerseits noch große Industriebeteiligungen erwarb. In vielen Produkten hatte die I.G. Farben Marktanteile von bis zu 50%. Im Bereich der Montanindustrie dominierten die 1926 gegründeten Vereinigten Stahlwerke mit über 500 Beteiligungen und 250.000 Arbeitern, die in Bezug auf die Belegschaft nur noch von dem amerikanischen Konzern United Steel Company übertroffen wurden. Weitere damals entstandene große Konzerne waren der Krupp-Konzern, der Mannesmann-Konzern, die Konzerne Stinnes, Otto Wolf, die Interessengemeinschaft Klöckner mit Magirus, Humboldt und Deutz, die Gutehoffnungshütte Oberhausen mit der Maschinenfabrik Augsburg-Nürnberg (M.A.N.) und das Konglomerat Siemens-Schuckert-Halske.[114]

Nach dem 2. Weltkrieg wurden von den Alliierten die großen deutschen Konzerne zerschlagen und entflochten. Der ungebremste Liquiditätsvorteil des Geldes führte aber bald dazu, daß neue Konzerne mit Milliardenumsätzen entstanden mit Daimler-Benz, Siemens und dem Volkswagenwerk an der Spitze. Nach *Vahlens Großem Wirtschaftslexikon* befand sich 1994 bereits über 70% des deutschen Aktienkapitals in Konzernbesitz. Mit dem fast globalen freien Kapitalverkehrs hat sich die weltweite Kapitalkonzentration von Jahr zu Jahr beschleunigt. Gegenwärtig (2001) vergeht keine Woche, in der nicht eine neue Fusion, eine Übernahme oder ein Zusammenschluß gemeldet wird.

Von den großen Kapitalgesellschaften werden die kleineren Unternehmen aufgekauft und vom Markt verdrängt. Ihre Konkurrenz wird ausgeschaltet. Die verbleibenden Unternehmen werden zum großen Teil zu Zulieferanten der Konzerne, die ihnen gegenüber wie mächtige Einkaufskartelle auftreten können. Sie können die Preise so weit drücken, daß die Gewinne von den Mittelstandsbetrieben zu den Konzernen verschoben und an die Aktionäre ausgezahlt werden können. In der Öffentlichkeit entsteht dann der falsche Eindruck als ob die Mittelstandsbetriebe nicht so rentabel arbeiten würden wie die Konzerne.

Einkaufskartelle sind nach dem Kartellgesetz verboten. Weil die Konzerne Milliardensummen an die Zulieferer vergeben, wirken sie aber als reale Einkaufskartelle und können die Konditionen weitgehend bestimmen. Die Einkaufssumme nur des Bosch-Konzerns betrug beispielsweise 1993 bereits weltweit 15 Mrd. DM. In der Bundesrepublik sind es vor allem elektronische Bauelemente, die von Bosch eingekauft werden. BMW kaufte 1993 für über 17 Mrd. DM Material zur Autoproduktion von mittelständischen Unternehmen. Bei Daimler-Benz betrug die Einkaufssumme weltweit 57 Mrd. DM. Siemens bezog für ca. 20 Mrd. DM Material nur im Inland.[115]

Während politische Macht sorgfältig begrenzt und vielfach kontrolliert wird, werden die Konzerne von kleinen Vorstandsgremien geführt, die lediglich den Aufsichtsräten rechenschaftspflichtig sind. Bei dem Umfang der Konzerne mit den zahlreichen Beteiligungen und vielfachen Überkreuzverflechtungen - zur VEBA-Gruppe gehören z.B. 760 Unternehmen und Beteiligungsgesellschaften, Vertriebs- und Betriebsführungsgesellschaften im In- und Ausland[116] - ist eine wirksame Kontrolle durch einen Aufsichtsrat nicht mehr möglich.

Konzerne sind Machtgebilde, die immer weniger kontrolliert werden können. Bei einem Umsatz, der dem Haushalt kleinerer Staaten entspricht und einem weltweiten Operationsfeld können sie manchen Regierungen ihre Bedingungen diktieren und ihre wirtschaftspolitischen Vorstellungen durchsetzen. Gemeinden sind ihnen ohnehin weitgehend ausgeliefert, weil die Drohung, ihre Produktionsstätte aufzulösen, genügt, um ihre Forderungen durchzusetzen. In den Konzernspitzen fallen Entscheidungen, die oft die berufliche Existenz von vielen tausend Menschen betreffen. Durch die Struktur der Kapitalgesellschaften und die Globalisierung sind die Rahmenbedingungen so aufgebaut, daß sich kein Vorstand dem Gebot der Gewinnmaximierung auf Dauer entziehen kann. Chancen, die von einem Konzern nicht wahrgenommen werden, nutzt der Konkurrent. Zwangsläufig lösen sich die Konzerne dadurch aus den gesellschaftlichen Zusammenhängen, in denen sie entstanden sind und entwickeln sich zu eigenständigen zwischenstaatichen Gebilden, zu weltumspannenden Geflechten, die schwer angreifbar sind, weil sie ihre Produktion jederzeit von einem Staat in den anderen verlagern können, und so die Regierungen von sich abhängig machen. Durch Herauf- oder Herabsetzen konzerninterner Verrechnungen zwischen eigenen Unternehmen verschiedener Staaten können sie die Gewinne immer dorthin verlagern, wo die Steuern am niedrigsten sind oder am wenigsten kontrolliert werden können. Abgesehen davon können sie ein Potential an Rechtsanwälten und Wirtschaftsberatern einsetzen, dem die Steuerbehörden nicht gewachsen sind.

Dazu einige Zitate aus Hans-Peter Martin - Harald Schumann: Die Globalisierungsfalle:

"BMW etwa, das gewinnstärkste Autounternehmen der Republik, überwies noch 1988 gut 545 Millionen Mark an deutsche Finanzämter. Vier Jahre später waren es gerade noch sechs% dieser Summe, nur 31 Millionen Mark. Im darauffolgenden Jahr wies BMW - trotz insgesamt steigender Gewinne und unveränderter Dividende - im Inland sogar Verluste aus und ließ sich 32 Millionen Mark vom Finanzamt zurückerstatten. "Wir versuchen die Aufwendungen dort entstehen zu lassen, wo die Steuern am höchsten sind, und das ist eben im Inland", erklärte BMW-Finanzvorstand Volker Doppelfeld freimütig. Insgesamt habe der Konzern auf diese Weise zwischen 1989 und 1993 über eine Milliarde Mark an Abgaben an den Staat gespart, kalkulieren Branchenkenner.[117]

Auch der Elektrotechnik-Riese Siemens verlegte seinen Konzernsitz steuerlich ins Ausland. Von den 2,1 Milliarden Mark

Gewinn des Geschäftsjahres 1994/95 bekam der deutsche Fiskus nicht einmal mehr 100 Millionen, im Jahre 1996 zahlte Siemens gar nichts mehr.[118] Auch im Geschäftsbericht von Daimler-Benz heißt es nur lapidar, die Ertragssteuern seien "im wesentlichen im Ausland" angefallen. Und selbst Commerzbanker Kohlhausen bewies Ende März 1996, daß seine Steuerexperten inzwischen gelernt haben, wie sich die Steuerpflicht legal aushebeln läßt. Wie zum Trotz legte er drei Wochen nach dem Einfall der Fahnder in sein Büro eine Bilanz vor, die einer Verhöhnung des gewöhnlichen Steuerzahlers gleichkommt. Demnach verdoppelte sich der Commerz-Gewinn 1995 gegenüber dem Vorjahr auf 1,4 Milliarden Mark, die Abgaben an den Staat halbierten sich jedoch auf weniger als 100 Millionen."[119/120]

Auch innerhalb der Europäischen Union gibt es mehrere Steueroasen, in denen die Multis ihre Gewinne ausweisen können. Dazu gehören außer Luxemburg auch Belgien und Irland.

"Ausweislich der Bilanz erwirtschaftet etwa BMW in der belgischen Filiale angeblich ein Drittel des gesamten Konzerngewinns, ohne daß dort ein einziges Auto produziert worden wäre."[121]

"Noch attraktiver ist das Steuerfluchtangebot, das die irische Regierung all jenen bietet, die ihre Finanzgeschäfte von einem Büro in den "Dublin Docks" managen lassen. Von jeder Zinsmark, die formal über eine Niederlassung in Irland verdient wird, gehen nur zehn Pfennige an die irische Staatskasse. In den Glaspalästen rund um den ehemaligen Stadthafen residieren darum inzwischen Kleinfilialen von fast 500 transnationalen Unternehmen - "nur erste Adressen", wie der Geschäftsführer der deutsch-irischen Handelskammer versichert. Neben Mitsubishi und Chase Manhattan sind alle deutschen Großbanken und Versicherungen vertreten, und selbst die Evangelische Kreditgenossenschaft aus Kassel läßt hier ein Vermögen verwalten. Insgesamt versteckten allein bundesdeutsche Unternehmen auf dem Irlandpfad bis 1994 an die 25

Milliarden Mark vor dem deutschen Fiskus, schätzt das Bundesamt für Finanzen."[122]

"Das Imperium Siemens führte noch 1991 fast die Hälfte des Gewinns an die 180 Staaten ab, in denen es Filialen unterhält. Binnen vier Jahren schrumpfte diese Quote auf nur noch 20%."[123]

Annähernd 40.000 transnationale Unternehmen, die in mehr als drei Staaten Betriebsstätten unterhalten, zählt die UN-Handelsorganisation Unctad. Sie bestreiten zwei Drittel des Welthandels. Fast die Hälfte dieses Umsatzes wickeln sie innerhalb ihres eigenen Konzernes ab. Die 100 größten erzielen einen Gesamtumsatz von annähernd 1,4 Billionen Dollar.[124]

Die rechtliche Sicherung selbständiger Unternehmen

Gegenüber den multinationalen Unternehmen und Konzernen scheinen die Politiker und Journalisten wie gelähmt zu sein. Sie sehen nicht, wie man ihnen gegenüber die Unabhängigkeit der politischen Organe und des unternehmerischen Mittelstandes sichern kann. Rüdiger Liedtke stellt in dem Buch *rororo special: Konzerne* abschließend fest:

"Nationale Entscheidungsträger müssen sich, wollen sie von der Potenz der Konzerne profitieren, ihren Vorstellungen unterordnen. Alle staatlichen Kontroll- und Regulierungsinstrumentarien sind letztlich unzureichend. Regierungen und Kommunen in den pluralistischen Demokratien können nur noch reagieren. Weit und breit findet sich bei den Politikern keine Idee, wie die zunehmende Konzentration zu stoppen, die Souveränität der politischen Entscheidungsträger wiederherzustellen ist."[125]

Zu dem gleichen Ergebnis kommen Martin und Schumann:

"Die bisher formulierten politischen Antworten auf die wirtschaftliche Vernetzung der Welt verneinen, daß dieser Prozeß überhaupt beherrschbar sei."[126]

Die Gedanken bewegen sich in einer Richtung, in der die Lösung nicht zu finden ist. Es kommt nicht darauf an, den

Konzentrationsprozeß zu stoppen, sondern darauf, daß Unternehmen, wenn sie aufgekauft werden, rechtlich und wirtschaftlich selbständig bleiben. Die Kapitalmacht läßt sich ohne Schwierigkeit einschränken und der Mittelstand fördern, wenn man es will. Man müßte den gesellschaftlichen Wandel, der sich seit der Gründung der ersten Kapitalgesellschaft im Jahre 1600 vollzogen hat, auch in den Kapitalgesellschaften nachvollziehen und Unternehmensführung und Kapital so von einander trennen, daß das Kapital zwar noch einen berechtigten Einfluß auf die Unternehmensführung ausüben sie aber nicht mehr beherrschen kann.

In der Aktiengesellschaft beherrscht das Kapital den Vorstand. Dieser beherrscht dann die Niederlassungen nach dem gleichen Prinzip. Ist die Kapitalgesellschaft zu einem Konzern ausgebaut, beherrscht die Konzernspitze die eingegliederten oder angeschlossenen Unternehmen ebenfalls über die Kapitalmehrheit. Um diese Abhängigkeitsverhältnisse zu ändern, müßte man die rechtliche Selbständigkeit eines Unternehmens außerhalb des Kapitals verankern. Das könnte beispielsweise die Eintragung im Handelsregister sein. Niederlassungen könnte man auf die kreisfreie Stadt oder den Landkreis begrenzen, an dem die Gesellschaft eingetragen ist. Will sich eine Kapitalgesellschaft darüber hinaus ausbreiten, müßte sie dort eine neue Gesellschaft gründen, die ihr gehört. Dafür müßte dann das Handelsgesetz entsprechend geändert werden. Im Aktiengesetz müßte festgelegt werden, daß Niederlassungen nur am Ort der Muttergesellschaft, der kreisfreien Stadt oder dem Landkreis, eröffnet werden können. Um Bedenken zu berücksichtigen, könnte man festlegen, daß Ausnahmen beim Kartellamt beantragt werden können.

Als nächstes käme es darauf an, die Stellung des Unternehmens gegenüber dem Kapital zu stärken. Bei einer Aktiengesellschaft wählen die Kapitalgeber, also die Aktionäre, auf der Hauptversammlung den Aufsichtsrat, der den Vorstand auf höchstens fünf Jahre bestellt. Bei grober Pflichtverletzung, Unfähigkeit zur ordnungsmäßigen Geschäftsführung oder

Vertrauensentzug durch die Hauptversammlung kann er die Ernennung widerrufen. Um die Abhängigkeit des Vorstandes zu vermindern, könnte man festlegen, daß er für fünf Jahre bestellt wird und nicht für höchstens fünf Jahre. Um zu verhindern, daß der oder die Kapitalgeber den Vorstand dann per Vertrauensentzug absetzen, wenn er ihre Interessen nicht genügend berücksichtigt, könnte man hinzufügen, daß der Betriebsrat dem Vertrauensentzug zustimmen muß.

Ferner sollte man den Vorstand auch für die Sicherung der Arbeitsplätze in die Pflicht nehmen. Man könnte dieses Anliegen mit den berechtigten Kapitalinteressen zusammenbringen, wenn man im Aktiengesetz einfügt, daß die Ablösung des Vorstandes nach der ersten Amtszeit der Zustimmung des Betriebsrates bedarf. (Bei einer generellen Zustimmung würden sich die Abhängigkeitsverhältnisse umkehren.)

Allerdings bestünde bei dem gegenwärtigen Aktienrecht noch eine weitere die Selbständigkeit gefährdende Abhängigkeit: Eine Aktiengesellschaft kann durch Beschluß der Hauptversammlung mit drei Viertel Mehrheit des vertretenen Kapitals aufgelöst werden. Die Konzernspitze oder die Muttergesellschaft könnte also jederzeit mit der Auflösung drohen, wenn die ihr gehörende Gesellschaft eine eigene Geschäftspolitik verfolgt. Das Aktiengesetz müßte darum so geändert werden, daß die Auflösung einer Aktiengesellschaft durch Beschluß der Aktionäre nur möglich ist, wenn der Auflösung auch der Vorstand und Betriebsrat mehrheitlich zustimmen. Unberührt davon bliebe die im Aktiengesetz vorgesehene Auflösung durch Zeitablauf, durch Eröffnung des Konkursverfahrens und durch Ablehnung des Konkursverfahrens mangels Masse.

Die Konzernspitze (oder Muttergesellschaft) könnte bei einer Selbständigkeit der ihr gehörenden Gesellschaft (oder Niederlassung) die von ihr angestrebten Ziele trotzdem verwirklichen. Sie könnte sie aber nicht direkt durchsetzen, sondern müßte entsprechende Kooperationsverträge abschließen. Damit wäre das auch jetzt bereits geschätzte eigenverantwortliche Handeln sogar rechtlich abgesichert.

Eine Aktiengesellschaft könnte eine Niederlassung auch als GmbH gründen und dann als Alleingesellschafter den Geschäftsführer ernennen. Damit könnte sie die geforderte Selbständigkeit unterlaufen. Das GmbH-Gesetz müßte darum so ergänzt werden, daß für eine GmbH, an der eine juristische Person als Gesellschafter beteiligt ist, die Wahl von Aufsichtsräten mit der Aufgabenstellung eines Aufsichtsrates einer AG vorgeschrieben wird. Das würde dann auch für den Fall gelten, daß die Muttergesellschaft eine GmbH ist. Ebenso müßte dann die Abberufung des Vorstandes oder die Auflösung einer solchen GmbH durch Gesellschafterbeschluß der Aktiengesellschaft entsprechend geregelt werden. Gleiches müßte auch für die Offene Handelsgesellschaft und die Kommanditgesellschaft gelten, wenn eine juristische Person an der Gesellschaft beteiligt ist.

Es gibt dann noch weitere Abschnitte im Aktiengesetz, die aufgehoben werden müßten: Beherrschungsverträge und Gewinnabführungsverträge, durch die eine Aktiengesellschaft oder eine Kommanditgesellschaft auf Aktien die Leitung ihrer Gesellschaft einem anderen Unternehmen unterstellt (Beherrschungsvertrag) oder sich verpflichtet, ihren ganzen Gewinn an ein anderes Unternehmen abzuführen (Gewinnabführungsvertrag), dürften nicht mehr möglich sein.[127] Ebenso dürften Unternehmensverträge nicht mehr erlaubt sein (Gewinngemeinschaft, Teilgewinnabführungsvertrag, Betriebspachtvertrag und Betriebsüberlassungsvertrag). Ausgeschlossen wäre damit auch die Eingliederung anderer Gesellschaften. Auch Verschmelzungen von Firmen, die im Unwandlungsgesetz behandelt werden, wären nicht möglich, wenn die zu verschmelzenden Firmen an verschiedenen Orten eingetragen sind.

Nach der Änderung des Unternehmensrechts müßten die Kapitalgesellschaften mit den von ihnen beherrschten Unternehmen Kooperationsvereinbarungen aushandeln, wofür man einen angemessene Zeitraum ansetzen sollte. Danach sollten die Vorstände neu berufen werden. Weil die Kapitalgesellschaften damit die bestehenden Verhältnisse vertraglich fixieren und die ihnen genehmen Vorstände einsetzen könnten, würde das neue Recht nahtlos an das alte anschließen. Erst allmählich würden sich die Änderungen bemerkbar machen, weil die einzelnen Unternehmen beginnen würden, ihre Interessen zu verfolgen und nicht die des Gesamtkonzerns. Der Wettbewerb würde aktiviert. Die Gewinne würden nach unten verlagert. Die Betriebe würden erst einmal ihre Rücklagen stärken, um sich gegen Rückschläge abzusichern, ehe sie ihre Überschüsse an die Muttergesellschaft ausschütten. Diese würden gegenüber der Konzernspitze genauso verfahren. In den Konzernzentralen würden sich geringere Gewinne ansammeln. Die Konzerne würden versuchen, unrentable Unternehmen abzustoßen. Wahrscheinlich würden sich multinationale Konzerne aus dem deutschen Markt zurückziehen, wenn das Unternehmensrecht entsprechend geändert wird. Die Kapitalversorgung der Wirtschaft bliebe aber durch das Kreditgeld gesichert.

Wäre die deutsche Industrie auf dem Weltmarkt dann noch konkurrenzfähig? Wie bereits ausgeführt arbeiten die Multis nicht wirtschaftlicher sondern beherrschen den Markt durch ihr Geldmonopol. Die kleinen Firmen können darum sehr gut mit ihnen konkurrieren, wenn das Monopol nicht mehr greift.

Die großen Kapitalkonzentrationen sind auch für die Konzerne selbst schädigend. Nach einer Untersuchung der US-Beratungsfirma Mercer Management Consulting, die mehr als 300 Unternehmenszusammenschlüsse mit einem Übernahmewert von jeweils mehr als 500 Mill. Dollar untersuchte, endeten etwa zwei Drittel aller Fusionen im Desaster. Zu einem ähnlichen Befund kam die Unternehmensberatung McKinsey. Sie stellte in einer großen Fusionsstudie fest, daß nur knapp ein Viertel der analysierten Unternehmen die Kosten der Fusion wieder herauswirtschaftete.[128]

Weil das gegenwärtige Geldsystem dem großen Kapital umfassende Marktvorteile verschafft, entsteht der Eindruck als würde eine wirtschaftliche Gesetzmäßigkeit zu Großunternehmen führen. Das stimmt aber nicht, sondern das Geldsystem erzwingt die Großunternehmen. Das Kapital wird für die Profitmaximierung eingesetzt. Porfitmaximierung ist etwas anderes als Gewinnstreben mit einer wirtschaftlichen Leistung. Bei dem Gewinnstreben folgt das Unternehmen seinem Eigeninteresse und sucht sich in dem wirtschaftlichen Austausch erfolgreich zu behaupten. Bei der Profitmaximierung geht die Entscheidung nicht vom einzelnen Wirtschaftsunternehmen sondern vom anonymen Kapital aus. Für das eingesetzte Kapital ist eine bestimmte Rendite zu erwirtschaften, die abzuführen ist. Wird diese Rendite nicht erbracht, werden die Unternehmen abgestoßen. Um die Rendite zu erbringen, müssen die Umsätze kontinuierlich ausgeweitet werden. Ist kein Bedarf vorhanden, wird er durch Werbung aufgebaut. Könnten die Umsätze zurückgehen, wird ein entsprechender Verschleiß eingebaut. Tauchen Patente auf, die ein billigeres besseres Verfahren versprechen, versucht man sie aufzukaufen.

Ganz anders sieht es aus, wenn ein Unternehmen nicht beliebig expandieren kann, weil es an seinen Ort gebunden ist. Weil der Umsatz dann nicht über eine bestimmte Größe wachsen kann, entstehen andere Maßstäbe und Werte. Der Abnehmerkreis bleibt relativ konstant, und das Interesse verlagert sich von der Quantität auf die Qualität. Ein Qualitätsprodukt sichert dann den Umsatz am besten. Innovationen werden gefördert, weil leichter neue Unternehmen entstehen können. Auch aus ökologischer Sicht sind kleine Firmen vorteilhafter, weil Produktionsfehler sich weniger weit ausbreiten und fortpflanzen.[129]

Massenproduktionen können weiterhin genutzt werden, weil sie in der Regel an einem Ort stattfinden. Es können auch Rationalisierungskartelle gebildet werden. Sie sind vom Kartellamt zugelassen. Solche Rationalisierungskartelle könnten auch die gemeinsame Forschung und den Austausch technologischer Fortschritte umfassen. Die hohen Investitionssummen für neue Fertigungen könnten von Beteiligungsgesellschaften der in den Rationalisierungskartellen zusammengeschlossenen Unternehmen aufgebracht werden.[130]

Bei dem vorgeschlagenen Unternehmensrecht könnten Betriebe nicht mehr aufgelöst werden, um rentablere Fertigungen im Ausland aufzubauen. Der Rationalisierungsdruck - ausgelöst durch die billigeren Importe - bliebe aber bestehen. Betriebe würden jedoch erst aufgelöst - durch Konkurs -, wenn sie sich nicht dem Weltmarktniveau anpassen können und nicht bereits, wenn an anderer Stelle mehr Geld verdient werden kann. Es würden erst die Eigenkräfte herausgefordert ehe man aufgeben muß.

Durch die Unabhängigkeit der Unternehmen würde der Staat seine Steuerhoheit gegenüber den Konzernunternehmen wiedergewinnen. Die Besteuerung wird jetzt dadurch umgangen, daß Gewinne in ausländische Konzernfirmen verschoben werden, indem man Lieferungen zu niedrig berechnet. Selbständige Firmen wären dazu nicht bereit, weil sie dann die Verluste tragen müßten. Hierdurch erschlössen sich zusätzliche Steuereinnahmen in Milliardenhöhe - vorsichtig geschätzt liegen die Steuerausfälle bei 50 Mrd. DM pro Jahr.[131]

Auch auf dem Medienmarkt würden unabhängige Unternehmen wohltätig wirken, weil das die Meinungsvielfalt fördert. Die Medien wären auch weniger von werbenden Firmen abhängig, weil sie es nicht mehr mit Konzernen sondern mit vielen Einzelunternehmen zu tun hätten.

6. Vorschlag eines neuen Bodenrechts

Zur Entwicklung des Bodenrechts

Das bestehende Bodenrecht ist ein Erbe aus der Römerzeit, in der sich der private Grundbesitz durchsetzte. Nach dem Zusammenbruch des römischen Reiches im Jahre 476 herrschte ein Jahrtausend in Europa das alte Recht der germanischen und keltischen Völker, die keinen privaten Grundbesitz kannten. Nur Haus, Vieh und Gerät waren Privateigentum und konnten verkauft und vererbt werden, während das Ackerland nach Maßgabe der Familiengröße zur Nutzung verteilt wurde. Außerdem gab es noch den Gemeinbesitz, die sogenannte Allmende, das war ein gemeinsames Weideland, Wald und Fischgewässer.

Erst 1495 führte der Kaiser Maximilian I. wieder das römische Recht ein. Das hatte gravierende Folgen, denn nach römischem Recht gehörte damit der Boden den geistlichen und weltlichen Herren als Privateigentum. Nicht nur der Kaiser sondern auch die übrigen Landesherren Deutschlands und Europas beanspruchten nun ihre Länder als persönliches Eigentum. Die Landbevölkerung wurde in Pacht- und Leibeigenschaftsverhältnisse herabgedrückt. Vergeblich kämpften die deutschen Bauern im Bauernkrieg von 1525 um das alte Recht, die Erhaltung der Allmende.

Damit hatte der Kaiser eine Entwicklung sanktioniert, die schon um 1450 unter dem Einfluß der Kirchenfürsten begonnen hatte. Durch das römische Recht wurde die Unabhängigkeit der Landbevölkerung gebrochen und die absolute Macht der Fürsten begründet. Die Auswirkungen des römischen Rechtes lassen sich besonders deutlich in England verfolgen. Noch um 1450 war die englische Landschaft mit kleinen Bauernhöfen übersät. Gestützt auf ihren neuen Privatbesitzanspruch wurden die Bauern von den Landlords vertrieben, um ausgedehnte Schafzuchten aufzubauen, weil der Verkauf von Schafwolle an die flandrischen und norddeutschen Wollstoffmanufakturen einen höheren Gewinn versprach. Die Bauernhäuser und Hütten der Landarbeiter wurden niedergerissen oder dem Verfall überlassen. In einem Akt Heinrich VIII. heißt es, daß "viele Pachtungen und große Viehherden, besonders Schafe, sich in wenigen Händen aufhäufen, wodurch die Grundrente sehr gewachsen und der Ackerbau sehr verfallen, Kirchen und Häuser niedergerissen und erschreckend große Volksmassen verunfähigt sind, sich selbst und ihre Familien zu erhalten."[132]

Seit Wiedereinführung des römischen Rechts können Grundstücke wie Waren gehandelt werden. Sie können gekauft und verkauft werden. Damit wurde in ganz Europa und später weltweit der römische Schritt nachvollzogen, sich die Erde, von der die gesamte Natur lebt, so anzueignen, als ob sie vom Menschen hervorgebracht worden sei. Bezeichnend ist, daß das Wort *privat* von dem lateinischen Wort *privare* abgeleitet ist, was *rauben* bedeutet.

Waren sind Güter, die von Menschen erzeugt und in der Regel auch verbraucht werden. Wenn sie nicht verbraucht werden - wie zum Beispiel Gebäude - , altern sie. Das alles trifft für Grundstücke nicht zu. Sie können weder vermehrt noch verbraucht werden, noch altern sie. Der Boden ist allgemeine Lebensgrundlage wie das Wasser, die Luft, die Wärme, das Licht. Von den anderen Lebensgrundlagen unterscheidet er sich nur dadurch, daß man ihn eingrenzen und individuell nutzen kann. Es sind Nutzungsrechte, die man erwirbt, wenn man ein Grundstück kauft und die man dann weiterverkaufen und vererben kann. Auch hier geht das gegenwärtige Recht auf die Privilegien vergangener Jahrhunderte zurück und wird zur Handelsware wie beim Unternehmensrecht.

Reformvorschläge zum Bodenrecht

Die freie Marktwirtschaft muß notwendigerweise gegenüber Grundstücken versagen, wenn man sie als Handelsobjekte behandelt. In den Händen von Privatleuten, Unternehmen und Konzernen bilden sich riesige Vermögen, die unablässig wachsen und weltweit nach Anlagemöglichkeiten suchen. Mit einem Teil dieser Gelder werden im In- und Ausland Grundstükke aufgekauft, um von den Pachten und Mieten aus den dort errichteten Gebäuden und von den Gewinnen beim Wiederverkauf zu leben. Bei sinkenden Zinsen würde sich dieser Trend noch wesentlich verschärfen, weil hier eine rentable Geldanlage verbliebe. Das zu Zinssenkungen führende Kreditgeld würde die Bodenspekulation verstärken.

Es gibt noch andere gewinnbringende Geldanlagen, die einen Monopolcharakter ähnlich dem Grundbesitz haben und bei Einführung des Kreditgeldes genutzt werden könnten. Wenn die Rohstoffe knapper werden, steigen die Preise. Man kann also Rohstoffe oder Rohstoffquellen kaufen und an den zu erwartenden Preissteigerungen verdienen. Volkswirtschaftlich wird aber dadurch kein Schaden angerichtet wie bei der Nutzung des Grundstücksmonopols. Wenn Spekulanten sich erschöpfende Rohstoffe verteuern, nehmen sie einen zukünftigen Preis vorweg. Sie zwingen die Wirtschaft, bereits jetzt für einen zukünftigen Zustand vorzusorgen und nach Ausweichmöglichkeiten zu suchen. Sie wirken ökologisch, weil sie die Rohstofferschöpfung verzögern und einen gleitenden Übergang ermöglichen, andere technische Lösungen zu suchen. Das ist bei Grundstücken nicht möglich.

Die Grundstückspreise steigen so kontinuierlich, daß es hier nicht ausgeführt werden muß. Grundstücksumwidmungen in Bauland oder gewerbliche Nutzung lösen erhebliche Wertsteigerungen aus ohne Gegenleistung der Eigentümer. Das gilt auch wenn durch Umwidmungen die Bebauung verdichtet wird. In den Städten können die zentralen Lagen wegen der Grundstückspreise nur noch kommerziell genutzt werden. Die

Innenstädte veröden, weil sich überall Kaufhäuser und Banken ausbreiten. All diese Dinge sind bekannt und viel diskutiert.

Besonders kraß wirkte sich das private Bodenrecht bei der Besiedelung Nordamerikas durch die Millionen Einwanderer aus:

"Bis 1700 hatten die Kolonisatoren den schmalen Küstenstreifen und die Flußtäler besiedelt. Um 1763 war das Land bereits bis zu einer Tiefe von 165 Kilometern erschlossen. [. . .] Der Landhunger führte zu ungeheuren Geschäften mit der Bodenspekulation. Obwohl das Land um Boston, New York oder Philadelphia ausgemergelt war, stiegen auch dort die Bodenpreise an, denn die Bevölkerung wuchs ständig. Die Kolonien nahmen Landzuweisungen an Leute vor, deren einziges Ziel der Spekulationsgewinn war; diese Landzuweisungen, häufig in der Größenordnung von 10.000 Morgen, behinderten die landwirtschaftliche Nutzung des Bodens erheblich."[133]

"Die Auswirkungen dieses Systems auf die sozialen Zustände in den großen Städten waren geradezu katastrophal. In New York z.B. strebte der Pelzhändler John Jakob Astor um 1830 zielbewußt danach, möglichst viele Grundstücke zu erwerben. Seine Gewinne aus dem mit erlaubten und unerlaubten Methoden geführten Pelzhandel, bei dem seine Agenten riesige Mengen Akohol an die Indianer verhandelten, ermöglichten ihm große Bodenkäufe im New Yorker Stadtgebiet. Außerdem gab er Darlehen an in Geldnot befindliche Besitzer von Grundstücken, deren Grundbesitz ihm dann in dem meistens mit Sicherheit zu erwartenden Konkursfall zu einem Spottpreis zufielen.

Da Astor von niemandem gezwungen werden konnte, seine großen Liegenschaften in der rasch wachsendne Stadt zu bebauen, konnte er das Land so lange von der Bebauung zurückhalten, bis er die für ihn optimalsten Bedingungen durchgesetzt hatte. Diese sahen in der Regel so aus: Verpachtung der Grundstücke zu hohen Pachtsätzen an Bauunternehmer zum Zweck der Errichtung von Miethäusern auf deren eigene Rechnung, entschädigungsloser Rückfall der Grundstücke mitsamt den inzwischen erbauten Häusern an Astor nach 21 Jahren. Solche halsbrecherischen Verträge zwangen die Bauunternehmer, die ja ihrerseits auch noch bei dem Geschäft verdienen wollten, das äußerste an Nutzen aus den Grundstücken herauszuholen, d.h. hohe Mietskasernen zu errichten mit möglichst vielen kleinen Wohneinheiten."[134]

In dieser Lage entwickelte der Amerikaner Henry George (1839 - 1897) , damals einer der bekanntesten Männer, Vorschläge zur Reform des Bodenrechts, die er in dem Buch "Fortschritt und Armut" vorlegte. Der einzelne sollte frei über sein Land verfügen dürfen, er sollte aber verpflichtet werden, den Ertragsanteil an die Allgemeinheit zurückzuerstatten, der ihm durch die Bevölkerungsdichte und den industriellen Fortschritt und nicht durch die eigene Arbeit zufiel.

"Es ist verständlich, daß auf diesem Hintergrund die Gedanken von Henry George größtes Interesse und Aufsehen erregten, sogar weit über die Grenzen Nordamerikas hinaus. In den rasch wachsenden Städten anderer Industrieländer war ja die Lage mehr oder weniger dieselbe.

George wurde zu Vorträgen nach England eingeladen, wo sich 1887 die Gewerkschaften hinter seine Vorschläge stellten. Im Laufe von zwei Jahrzehnten fanden diese Vorschläge nach wiederholten Anträgen im Parlament mehr und mehr Zustimmung, bis als erster Schritt am 27. April 1910 in England die Bodenreformsteuer eingeführt wurde. Bei dieser Steuer kam zum erstenmal der Grundsatz der getrennten Abschätzung von Arbeitseinkommen und Einkommen durch Grundbesitz zur Anwendung.

1890 war Henry George in Neuseeland und Australien. Neuseeland konnte ganz für die Bodenreform gewonnen werden, und schon bald kamen von dort Berichte über ein schnelles und ständiges Aufblühen dieses Landes und seiner Wirtschaft. Auch in Australien fand Henry George mit seinen Ideen begeisterte Aufnahme. Die Stadt Sidney war gerade in Gründung begriffen. Ihr gesamtes Land wurde nun nach seinen Anregungen auf zehn Meilen im Quadrat zum Landeseigentum erklärt. Die steigende Bodenrente wurde ausschließlich in den Dienst der Kulturaufgaben der neuen Stadt gestellt. Bis heute kann die Stadt Sidney auf jede Gewerbesteuer verzichten - eine große Hilfe für jeden unternehmenden und arbeitenden Menschen. Auch in Kanada fanden die Bodenreformbestrebungen bedeutendes Echo. In Vancouver haben ihre Vorschläge wohl die weiteste Anwendung in der Praxis gefunden."[135]

1897 bewarb sich Henry Georg ein zweites Mal um den Posten des Bürgermeisters von New York, nachdem er 1886 unterlegen war. Bei diesem Wahlkampf erlitt er wenige Tage vor der Entscheidung einen Herzschlag.

Auch Silvio Gesell entwickelte Vorschläge zu einer Bodenreform als wesentlicher Bestandteil der von ihm vorgeschlagenen Geldreform, wobei er die Vorschläge anderer Bodenreformer wie Theodor Hertzka (1845-1924), Henry George und Michael Flürschein (1844-1912) eingehend prüfte.[136] Er schlug vor, den Boden in Gemeineigentum zu überführen und durch öffentliche Meistbietungsverfahren zu verpachten. Dabei stellte er sich vor, daß der Staat den gesamten privaten Grundbesitz aufkauft und die Grundbesitzer entschädigt.

"Der zu bezahlende Preis richtet sich nach dem Pachtzins, den das Grundstück bisher erbrachte oder einbringen würde. Der ermittelte Pachtzins wird dann zum Zinssatz der Pfandbriefe kapitalisiert und der Betrag den Grundbesitzern in verzinslichen Schuldscheinen der Staatsanleihe ausbezahlt."[137]

Die Zinsen sollten aus den Pachterträgen aufgebracht werden. Gesell rechnete damit, daß die Zinsen sinken, sobald sein Geldmodell greifen würde[138], und daß dann aus der Differenz zwischen dem Zinsaufwand für die Pfandbriefe, deren Verzinsung an die Zinsentwicklung angepaßt würde, und den Pachterträgen die Grundbesitzer entschädigt werden könnten.[139] Wenn die Entschädigung abgeschlossen wäre, sollten dann die Pachterträge gleichmäßig und restlos auf alle Frauen und Kinder verteilt werden.[140]

Die Vorschläge Gesells werden in der Gegenwart von dem Seminar für Freiheitliche Ordnung weiter verfolgt und vertieft. Das Seminar ist ein Arbeitskreis von Anthroposophen[141] und Freiwirtschaftlern nach Silvio Gesell, die nach Lösungen für eine neue Ordnung der Kultur, des Staates und der Wirtschaft suchen. Sie streben an, die Schulenbildung zu überwinden und veranstalten zu diesem Zweck regelmäßige Tagungen in Bad Boll. Von ihnen wird die Schriftenreihe "Fragen der Freiheit" herausgegeben. Das Seminar plädiert dafür, Abgaben in marktgerechter Höhe für die Bodennutzung zu erheben, um

a) den ökologisch notwendigen Kostendruck für den sparsamen Flächenverbrauch hervorzurufen,

b) ökonomisch die Bodenverteilung über Knappheitspreise am Käufermarkt zu gewährleisten und

c) alle Bodennutzer in die Pflicht zu nehmen, für ihren Bedarf an Grund und Boden marktgerechte Nutzungspreise zu zahlen.[142]

Die Grundstücke wären dann mit marktgerechten Kosten für die Bodennutzung belastet, die eine Grundstücksspekulation ausschließen. Nicht genutzte, bzw. nicht dem Bebauungsplan entsprechend genutzte Grundstücke würden verkauft. Die erhobenen Gebühren sollen dann jährlich nach gleichen Pro-Kopf-Teilen an die Bevölkerung rückverteilt werden.[143]

Aber auch diese Vorschläge stoßen auf schwere Bedenken:

"Die Frage ist, ob bzw. unter welchen Rahmenbedingungen eine solche Durchmonetarisierung der Bodenzuordnung anstelle von Privateigentum eine lebenswerte Stadt ergeben kann. [. . .] Was Dank Privateigentums an Boden verwurzelt und gewachsen ist und sich durch Stürme behaupten konnte, droht jetzt durch rentablere Nutzungen hinweggefegt zu werden.[. . .] Die Seminarkonzeption verstärkt die Macht des Geldes und berücksichtigt zu wenig, daß diese Macht extrem ungleich verteilt ist.[. . .] Der Druck von Grundstückseigentümern auf die Stadtplaner, bodenwerterhöhende Nutzungserweiterungen zu ermöglichen, wird bei Anwenduung der Erbbaurechtskonzeption des Seminars zumindest teilweise ersetzt durch Druck von Erbbauberechtigten, genau solche Veränderungen zu unterlassen."[144]

Eine Grundstücksabgabe, die noch dazu an den aktuellen Bodenwert gebunden ist, und damit nicht vorauskalkulierbar wäre, dürfte auch nicht mehrheitsfähig sein.Deutlich ist, daß es bei einer Lösung des Bodenproblems darum geht, private Nutzung mit gemeinschaftlichem Besitz zu verbinden. Margrit Kennedy schlägt darum vor, daß die Gemeinden und Kommunen die Grundstücksabgaben zunächst dafür verwenden, Grundstücke aufzukaufen.[145]

Ersatz des Grundbesitzes durch modifizierte Erbaurechtsverträge

Um die Grundstücksspekulation zu unterbinden und die Preise zu senken, könnte man die Grundstücksgewinne steuerlich abschöpfen. Doch das löst das Problem auch nicht, weil dann keine Grundstücke mehr angeboten würden oder die Preise in einen offiziellen Kaufvertragspreis und einen nicht genannnten privat vereinbarten unversteuerten Zusatzpreis aufgespalten würden.

Es ist auch nicht möglich, die Nutzungsrechte gerecht zu vergeben, weil man es bei den Grundstücken je nach Größe, Nutzungsmöglichkeit, Lage, Boden, Umgebung, Verkehrserschließung, Nachbarschaft, Klima usw. mit sehr unterschiedlichen Werten zu tun hat, die ihren Ausdruck im Preis finden. Wie sollte man so unterschiedliche Werte gerecht verteilen? Das würde eine Prozeßlawine auslösen.

Faßt man die Vorschläge und die an ihnen geübte Kritik zusammen, ergeben sich folgende Forderungen an ein besseres Bodenrecht:

Über die Bodennutzung sollte die Gemeinde entscheiden, weil die Gemeinden von der Entscheidung unmittelbar betroffen sind. Die Grundstücke sollten also in Gemeindebesitz übergehen.

Eine Enteignung scheidet aus, eine Grundstücksabgabe ebenfalls, denn sie würde nichts an der Kommerzialisierung des Bodens ändern.

Die Grundstücke können auch nicht gerecht verteilt werden. Also bleibt nur, sie zur privaten Nutzung nach wirtschaftlichen Gesichtspunkten zu vergeben. Das Nutzungsrecht sollte einem Privatbesitz auf Lebenszeit entsprechen.

Unter diesen Bedingungen scheint das Problem unlösbar zu sein, weil man ohne Enteignung oder Entschädigung der Eigentümer die Grundstücke nicht in Gemeindeeigentum überführen kann. Woher aber sollte man die Mittel für Entschädigungen nehmen, wenn Grundstücksabgaben politisch nicht durchsetzbar sind?

Kurzfristig ist das Problem nicht lösbar, aber langfristig durchaus, wenn man als erstes alle Grundbesitze in 99-jährige Erbbaurechtsverträge umwandeln würde, deren Rechte 33 Jahre völlig denen des Grundbesitzes entsprechen. Das hieße: Alle bestehenden Grundbesitzeintragungen werden in 99-jährige Erbbaurechtsverträge umgewandelt. Für diese würde gelten:

1. Die Gemeinde kann den Erbbaurechtsvertrag nicht kündigen.
2. Die vorgeschriebene Nutzung ist einzuhalten. Die Gemeinde kann die Nutzung erweitern aber nicht einschränken. Der Erbbauberechtigte kann die Nutzung auf unbestimmte Zeit verschieben.
3. Ein Erbbauzins wird während der 99 Jahre nicht erhoben.

4. Der Erbbaurechtsvertrag kann verkauft und vererbt werden.

Nach 33 Jahren würden folgende Änderungen eintreten.

5. Nach Ablauf von 33 Jahren ist der Erbbaurechtsvertrag an die Person, die Firma oder die Körperschaft des Erbbauberechtigten gebunden. Eine Pacht wird nicht erhoben. Bei Tod oder Erlöschen der Firma oder Körperschaft des Erbbauberechtigten erlischt auch der Erbbaurechtsvertrag. Die Erben oder Gläubiger haben Anspruch auf eine Entschädigung für die bis zum Ablauf des Vertrages noch verbleibende Erbbauzeit in Höhe des von der Kommune mit dem Verkauf des Erbbaurechtes (siehe Artikel 6) erzielten anteiligen Erbbauzinses – entsprechend den bis zum Ablauf des Erbbaurechts noch verbleibenden Jahren – und für die auf dem Grundstück befindlichen Gebäude. Der Wert der Gebäude wird von einem vereidigten Sachverständigen geschätzt.

6. Die Gemeinde kann erloschene oder abgelaufene Erbbaurechtsverträge neu auf Lebenszeit oder bei Firmen oder Körperschaften auf 66 Jahre vergeben. Dafür legt sie einen Erbbauzins fest, der in einer Summe zu entrichten ist. Für die Vergabe gelten die Artikel 1, 2 und 5 bis 11. *Die Artikel 3 und 4 entfallen.*

7. Bei der Vergabe von Erbbaurechten hat der Vorbesitzer oder dessen Erbe ein Vorkaufsrecht.

8. Der Erbbauberechtigte kann den Erbbaurechtsvertrag mit einer Frist von 3 Jahren kündigen. In dem Fall hat er Anspruch auf den von der Gemeinde mit dem Neuverkauf erzielten anteiligen Erbbauzins und auf eine Entschädigung für die sich auf dem Grundstück befindlichen Gebäude wie unter 5. erläutert.

9. Nach Ablauf des Erbbaurechtsvertrages hat der Erbbauberechtigte Anspruch auf Entschädigung für die sich auf dem Grundstück befindlichen Gebäude wie unter 5. aufgeführt.

10. Gleitklauseln in Bezug auf den Erbbaurechtsvertrag sind nicht zulässig.

11. Firmen oder Körperschaften können Verlängerungen des Erbbaurechtsvertrages 10 J. vor Vertragsablauf vereinbaren.

An den Besitz- und Nutzungsverhältnissen würde sich damit 33 Jahre nichts ändern. Dem dienen die Absätze 1 bis 4. Nach 33 Jahren trete jedoch eine gravierende Veränderung ein: Die Grundstücke könnten nicht mehr verkauft sondern nur noch gegen Entschädigung an die Gemeinde zurückgegeben werden. Nur noch die Gemeinden könnten Erbbaurechtsverträge vergeben. Bis zu dem Zeitpunkt könnten die Grundstücke so gehandelt werden als wären sie noch Privateigentum, nur daß die Käufer kein Grundstückseigentum erwerben, sondern in bestehende befristete Erbbaurechtsverträge eintreten müßten. Damit bestünde ausreichend Zeit für alle Grundstückseigentümer, sich auf die kommende Situation umzustellen. Die jetzigen Besitzer könnten die Grundstükke bis zu ihrem Tode nutzen. Sterben sie vor Ablauf des Erbbaurechts, hätten ihre Erben Anspruch auf Rückzahlung des Erbbauzinses für die nicht genutzten Jahre. Die Erben hätten ein Vorkaufsrecht. Wenn sie davon Gebrauch machen, müssen sie den Erbbauzins für weitere 66 Jahre zahlen, womit dann ggf. die Rückzahlung verrechnet werden würde. Firmen oder Körperschaften können die Fortführung ihres Unternehmens bzw. ihrer Aufgabe 10 Jahre vor Ablauf des Vertrages für weitere 66 Jahre sichern.

Obwohl sich bei den Besitz- und Nutzungsverhältnissen 33 Jahre nichts ändern würde, würden die Grundstückspreise nachgeben, weil Grundstücke nach 33 Jahren nicht mehr gehandelt werden könnten, sondern nur noch Nutzungsrechte zurückgegeben oder neu vergeben werden. Grundstücke, die nur zur Geldanlage erworben wurden, würden angeboten und ebenfalls die Preise drücken. Die Nachfrage ginge auch zurück, weil keine Grundstücke mehr als Vermögensanlage gekauft würden.

Nach den 33 Jahren fielen von Jahr zu Jahr mehr Erbbaurechte an die Gemeinden zurück und könnten neu vergeben werden, weil die Erbbauberechtigten sterben und Firmen oder Körperschaften aufgelöst werden. Dadurch würden die Gemeinden immer mehr Spielraum für die Gestaltung ihrer Orte gewinnen. In einer absehbaren Zeit könnten sie über die Nutzung aller Grundstücke verfügen und hätten ideale Möglichkeiten, um einen besseren Flächennutzungsplan zu erstellen. Die Entschädigungen für Gebäude auf Grundstükken, die von den Gemeinden neu im Erbbaurecht vergeben werden, müßten sie nicht aufbringen, weil sie diese Kosten an die neuen Erbbauberechtigten weiterbelasten könnten. Die Entschädigungen für nicht in Anspruch genommene Erbbaurechtsjahre könnten sie aus den neu vergebenen Verträgen aufbringen. Die Entschädigungszahlungen würden sich aber laufend vermindern, so daß die Gemeinden bald erhebliche zusätzliche Einnahmen hätten.

Gleitklauseln sollten nach dem neuen Erbbaurecht nicht zulässig sein, damit es keine Möglichkeit gäbe, Nutzungsrechte nachträglich zu mindern. Das Nutzungsrecht müßte für den Erbbauberechtigten so sicher sein wie ein Besitz auf Lebenszeit. Für die land- und forstwirtschaftliche Nutzung sollte das gleiche Erbbaurecht gelten. Das hätte den Vorteil, daß die Grundstücke dann nicht vererbt würden und der Erbe seine Geschwister oder andere Erben nicht auszuzahlen bräuchte, jedenfalls nicht in Bezug auf das Grundstücksvermögen. Während es sich bei der privaten oder gewerblichen Nutzung von Grundstücken empfehlen würde, den Erbbauzins in einer Summe wie einen Grundstückspreis bei Abschluß des Vertrages zu zahlen, wäre es bei land- und forstwirtschaftlicher Nutzung besser, ihn jährlich zu erheben, um die Betriebe nicht zu verschulden. Für den jährlichen Erbbauzins sollten von der Regierung Höchstsummen festgelegt werden, die nicht überschritten werden dürften.

Bei diesem Erbbaurecht würde sich die finanzielle Lage der Gemeinden innerhalb zweier Generationen grundlegend wandeln. Durch die Vergabe der Erbbaurechte flössen ihnen genügend Mittel zu, um ihre Schuldenberge abzutragen. Nach ein bis zwei Generationen wären sie reich genug, Grundstükke in zentraler Lage für Wohnnutzung vorzusehen, so daß sich die Zentren wieder beleben. Sie hätten auch das Geld für Schulen, Kindergärten, Altenheime und anderes, das zum Aufgabenbereich der Gemeinden gehört. Dabei blieben alle Gebäude in Privatbesitz und alle Grundstücke wären auf Lebenszeit erworben. Über das Vorkaufsrecht können sie von den Erben erneut lebenslang genutzt werden.

7. Vorschlag wettbewerbsneutraler Steuern und Sozialabgaben

Wettbewerbsneutrale Steuern

In der freien Marktwirtschaft bilden sich die Preise am Markt nach Angebot und Nachfrage. Für die Preise gibt es eine untere Grenze, die nicht unterschritten werden kann, jedenfalls auf Dauer nicht. Das sind die Herstellungskosten der Waren. Werden sie unterschritten, zahlt das Unternehmen drauf. Um die Höhe der Herstellungskosten geht es bei dem globalen Wettbewerb. Sie entscheiden, ob ein Unternehmen konkurrenzfähig ist oder nicht.

In den Herstellungskosten sind auch die Steuern und Sozialabgaben enthalten, die das Unternehmen nicht einsparen kann. Mit ihnen wird die gesellschaftliche Infrastruktur finanziert. Dabei geht es um alle öffentlichen Kosten vom Schulwesen oder der medizinischen Versorgung bis zum Straßenbau. Diese in den Preisen enthaltenen Gesellschaftskosten verzerren den internationalen Wettbewerb. Billigimporte aus Ländern ohne Sozialversicherung oder Umweltschutz überschwemmen den Markt. Die eigenen Waren sind nicht absetzbar. Das untergräbt die Grundlagen des Staates, denn wie sollen die hohen Gesellschaftskosten einer entwickelten Industrienation bezahlt werden, wenn die Wirtschaft nicht mehr konkurrenzfähig ist?

Steuern können nach der Höhe des Einkommens, des Vermögens oder des Umsatzes festgelegt werden. Es wirkt sich wirtschaftlich sehr unterschiedlich aus, ob das Einkommen und Vermögen oder die Umsätze versteuert werden. Wenn die Steuer vom Einkommen oder Ertrag erhoben werden, werden Geldeinnahmen versteuert. Geldeinnahmen sind aber nichts anderes als Rechtsansprüche auf Gegenleistung für eine Leistung, die man erbracht hat. Das bedeutet dann, daß erworbene Rechtsansprüche gemindert werden, sie also nicht anerkannt werden. Das widerspricht dem Recht, denn Rechte kann man nicht besteuern. Besteuern kann man nur Waren und Dienstleistungen, also Umsätze.

Daß es falsch ist, die Einkommen und Erträge zu besteuern, zeigt sich an den wirtschaftlich schädlichen Folgen.[146] Es wird dann gerade das besteuert, was die einzelnen in die Gesellschaft einbringen, ihre Arbeitsleistung, und nicht das, was sie aus der Gesellschaft herausnehmen, ihren Verbrauch. Zwischen Einkommen bzw. Ertrag und dem Verbrauch liegt die Sparquote oder die Kapitalbildung, die bei den Einkommens- und Ertragssteuern mit versteuert wird. Das ist falsch, denn mit dem Betrag hat der Betreffende oder die Firma ja gerade nicht am Wirtschaftsleben teilgenommen. Darum hat das auch wirtschaftlich unsinnige Konsequenzen wie:

- Ein Heer von hochbezahlten Steuerberatern ist damit beschäftigt, Gesetzeslücken auszunutzen und Überschüsse wegzubilanzieren. Diese Steuerberater braucht man nicht, wenn nur die Umsätze versteuert werden, denn Umsätze sind leicht festzustellen und zu überprüfen. Auf der anderen Seite ist dann wieder beim Staat ein eben solches Heer von Finanzbeamten damit beschäftigt, die Steuererklärungen zu überprüfen. Alle diese Kosten erhöhen die Preise – als Kosten der Unternehmen oder als Steuerbelastung.
- Die Besteuerung des Einkommens führt zu einem aufwendigen und unnötigen Repräsentationsstil. Statt mit höheren Verdiensten, die sich wegen der hohen Steuern nicht mehr lohnen, werden die Mitarbeiter mit großzügigen Spesen und Aufwandsentschädigungen belohnt. Aus steuerlichen Gründen werden sie zu Ausgaben veranlaßt, die ihren persönlichen Bedürfnissen nicht wirklich entsprechen, was man daran sieht, daß sie in ihrem privaten Bereich andere Prioritäten setzen.
- Eine andere schädliche Auswirkung der Besteuerung entsteht durch die Steuerprogression. Wegen der Inflation steigen nicht nur die Preise sondern auch die Einkommen. Die Einkommen sind aber nur nominal, nicht real gestiegen. Trotz-

dem werden sie wegen der Steuerprogression mit einem höheren Satz besteuert, so daß das Realeinkommen sinkt. Gelegentlich wird dann die Steuertabelle korrigiert, wobei vor einigen Jahren das Bundesverfassungsgericht für die Geringverdienenden Vorgaben festlegte, um die Politiker zum Handeln zu veranlassen. Wenn die Einkommensteuer dann in den unteren Einkommensstufen an die Inflation angepaßt wird, wird meist gleichzeitig die Mehrwertsteuer erhöht, um den Steuerausfall wieder wettzumachen. Damit ist dann zwar die Lohn- und Einkommensteuer wieder auf dem alten um die Inflation berichtigten Stand, aber die Steuerlastquote bleibt erhöht.

- Die Einkommenssteuer führt zur Schwarzarbeit und damit zur Steuerflucht.

Die Umsatzsteuer und Mehrwertsteuer, die auch eine Umsatzsteuer ist, sind nicht beliebt, weil sie scheinbar den Verbraucher mehr treffen als die anderen Steuern. Die Frage ist aber, ob das überhaupt stimmt. Ein großer Teil der Einkommens- und Ertragssteuern wird ohnehin an den Verbraucher weiter belastet, weil diese Steuern von den Firmen in die Preise eingerechnet werden. Sie können darum genauso gut gleich als Mehrwertsteuer erhoben werden. Das gilt für alle Nettolohnvereinbarungen und Pauschsteuerbeschäftigungen, bei denen der Arbeitgeber die Lohnsteuer trägt und sie folglich in den Preis einkalkulieren muß. Im Grunde gilt es auch für die Bruttolohnvereinbarungen, denn die Verdienste wären entsprechend niedriger, wenn es keine Lohn- und Einkommensteuer gäbe. Auch die Gewerbesteuer wird in die Preise eingerechnet. Man kann darüber streiten, ob es auch für die Körperschaftssteuer gilt. Sicher ist, daß der Unternehmer einen Gewinn anstrebt und bei seiner Kalkulation die Körperschaftssteuer berücksichtigt.

Die Ertragssteuern sind auch wirtchaftlich schädlich. Wer produktiv arbeitet und Gewinn erzielt, muß Steuern zahlen. Wer unproduktiv arbeitet und Verluste macht, wird belohnt, weil er keine Steuern zahlen muß.

Gegen die Einkommens- und Ertragssteuern spricht auch, daß der Staat durch die Steuergesetzgebung wirtschaftliche Entscheidungen beeinflußt. Er ist der unsichtbare Partner, der Entscheidungen nach steuerlichen Gesichtspunkten in eine unwirtschaftliche Richtung drängt, denn ohne Steuergesetze käme man zu anderen Ergebnissen. Auch das trägt der Verbraucher, weil durch unwirtschaftliche Entscheidungen die Preise erhöht werden.

Für die Besteuerung des Vermögens gilt das gleiche wie für die Besteuerung des Einkommens. Das Vermögen ist letztlich ein Rechtstitel. Er besagt, wer über welches Vermögen verfügen kann. Erst wenn über das Vermögen verfügt wird, indem etwas gekauft oder verkauft wird, dürfte eine Steuer fällig werden, weil erst in dem Moment ein Wirtschaftsprozeß abläuft.

Dagegen sind die am Umsatz orientierten Steuern, die Verbrauchsteuern, insbesonder die Mehrwertsteuer, gerechte und sinnvolle Steuern, weil sie das besteuern, was hergestellt oder erarbeitet wird. Dafür fallen die Gesellschaftskosten auch an. Die Mehrwertsteuer ist eine reine Endverbrauchsteuer, obwohl sämtliche Umsätze versteuert werden, also auch die nicht für den Endverbraucher bestimmten Umsätze. Werden Waren von Weiterverarbeitern erworben, erhalten diese die in den Preisen enthaltene Mehrwertsteuer vom Finanzamt als sogenannte Vorsteuer erstattet, zum Beispiel:

A Mehrwert	*500 DM*		
16% Mwst.)*	*80 DM*		
Summe	*580 DM*		
B Zulieferant	*580 DM*	*C Zulieferant*	*928 DM*
	- 80 DM	*Vorsteuererstattung*	*-128 DM*
Mehrwert	*300 DM*	*Mehrwert*	*600 DM*
Zw.summe	*800 DM*	*Zw.summe*	*1400 DM*
16% Mwst	*128 DM*	*16% Mwst*	*224 DM*
Endv.preis	*928 DM*	*Endv.preis*	*1624 DM*

*)Mit *Mehrwert* sind die Aufwendungen des Unternehmens einschließlich des Gewinnes gemeint, also der Wert, um den sich der Wert des Produkts durch die Tätigkeit erhöht.

In dem Beispiel benötigt der Hersteller C zur Herstellung seines Produktes, das vom Endverbraucher erworben wird, den Hersteller B, der wiederum A als Zulieferanten hat.

Das Unternehmen A überweist also 80 DM Mehrwertsteuer an das Finanzamt, das Unternehmen B 48 DM (128 - 80) und das Unternehmen C 96 DM (224 - 128). Zusammen überweisen sie 224 DM. Jedes Unternehmen überweist also 16% seiner Wertschöpfung, also des durch seine Tätigkeit hinzugekommenen Mehrwertes. Es trägt die Steuer aber nicht selbst, sondern schlägt sie bei der Rechnung dazu und führt die Mehreinnahme an das Finanzamt ab. Erst der Endverbraucher zahlt die 224 DM.

Die Vorteile der Mehrwertsteuer faßte Max Horn in dem Aufsatz *Mehrwertsteuer, die tragende Steuer eines künftigen Steuersystems* wie folgt zusammen:

“1. Eine Mehrwertsteuer mit Hauptsteuercharakter ermöglicht die Ablösung des derzeitigen unübersichtlich gewordenen, nur noch in seinen einzelnen Teilbereichen - Einkommenssteuer, Körperschaftssteuer, Umsatzsteuer oder Verkehrssteuern, um einige Beispiele zu nennen - von Spezialisten beherrschten Steuerrechts durch ein klares, im Zweifelsfall jedem Steuerbürger verständliches und in seinen Auswirkungen nachprüfbares Recht. Sie erreicht dadurch Transparenz, die unserem heutigen Steuerrecht fehlt.

2. Eine Mehrwertsteuer in der hier zur Diskussion gestellten Form bedeutet im Grunde genommen nichts anderes als die Angleichung des Steuerrechts an die Steuerwirklichkeit.

3. Sie ermöglicht leichte Anpassung an den etwa veränderten Finanzbedarf.

4. Sie ist verhältnismäßig krisenfest, da der Umsatz nicht in dem Maße Schwankungen unterworfen ist wie das Einkommen und eine darauf basierende Einkommenssteuer.

5. Die Veranlagung und die Überwachung sind einfach durchzuführen und verursachen nur geringen Verwaltungsaufwand (steuertechnische Vorteile).

6. Steuersparen bedarf keiner komplizierten Regelungen. Steuersparen wird allein schon durch sparsamen oder mäßigen Verbrauch des Einzelnen bewirkt.

7. Erst die Einführung eines verbrauchsteuerfreien Existenzminimums durch Gewährung einer einheitlichen Mehrwertsteuervergütung an jeden Verbraucher ermöglicht gegebenenfalls echte Freibeträge, während solche Freibeträge im Rahmen der Einkommensteuer bei dem gegebenen gemischten Steuersystem infolge der Belastung durch indirekte Steuern nicht möglich sind.

8. Durch eine Differenzierung der Steuersätze bekommt die Mehrwertsteuer die Züge einer Realeinkommenssteuer und ist daher auch in der Lage, die Einkommens- und Körperschaftssteuer abzulösen. Niedrigere Steuersätze für den lebensnotwendigen Bedarf und höhere für den Luxusbedarf bewirken sogar Progressionswirkung im Sinne unserer heutigen, vom Einkommensteuerrecht geprägten Vorstellungen."[147]

Seither sind diese Ausführungen unverändert aktuell. Zu ergänzen ist noch, daß die bei einem Entfallen der Einkommensteuer zunächst nicht versteuerten Ersparnisse immer dann nachversteuert werden, wenn sie ausgegeben werden, weil die Mehrwertsteuer beim Kauf entrichtet wird. Eine Steuerumgehung ist dabei nicht möglich, während ihr bei der Einkommens- und Ertragssteuer gerade bei den wirklich gut Verdienenden Tür und Tor geöffnet sind.

Es scheint, als ob bei einer Steuererhebung nur über die Verbrauchssteuer die Reichen weniger Steuern zahlen würden als heute. Das ist aber eine Täuschung, denn abgesehen davon, daß sich die Reichen und die internationalen Unternehmen gegenwärtig der Steuer zunehmend entziehen und fast sämtliche Steuern ohnehin in die Preise einkalkuliert sind, müßten sie den mit ihrem erhöhten Einkommen ebenfalls erhöhten Verbrauch in jedem Fall versteuern. Diese Verbrauchssteuer, also die Mehrwertsteuer, wäre entsprechend höher, wenn die Einkommens- und Ertragssteuern entfielen. Sie könnte so gestaffelt werden, daß Luxusgüter höher besteuert würden. Oliver Lang vom Mannheimer Zentrum für Europäische Wirtschaftsforschung (ZEW) wies in einer Studie nach, daß der gehobene Mittelstand einen durchschnittlichen Steuerhöchstwert von etwa 34% zahlt. Bei dem obersten Zehntel der Einkommenshierarchie, wo die Spitzenverdienste liegen, betrug der Satz nur noch 32%. Lang errechnete für 1992 Steuerausfälle von 130 Milliarden DM.[148]

Die Mehrwertsteuer ist insbesondere die sinnvollste Steuer, weil sie sowohl im Inlandsumsatz als auch im Export und Import wettbewerbsneutral ist. Im Inland ist sie wettbewerbsneutral, weil alle Produkte, die miteinander konkurrieren, gleichhoch belastet werden. Im internationalen Handel ist sie wettbewerbsneutral, weil sie von Exporten nicht erhoben wird und die Importe mit dem vollen Steuersatz belastet werden. Konkurrenzvorteile des Auslands durch niedrigere Gesellschaftskosten werden durch die Mehrwertsteuer ausgeschaltet. Die Mehrwertsteuer und andere Endverbrauchssteuern richten sich immer nach der Steuer des Bestimmungslandes, weil der Export von der Mehrwertsteuer befreit ist und das Bestimmungsland seine Mehrwertsteuer oder Endverbrauchsteuer aufschlägt. Dagegen sind die Einkommens-, Ertrags- und Vermögenssteuern Steuern nach dem Ursprungsland, was zu Doppelbesteuerungen führt. Zwischen Ländern, die ihre Steuern als Verbrauchssteuern erheben, erübrigen sich alle Doppelbesteuerungsabkommen und Steuerharmonisierungsvereinbarungen.[149]

Würde man auch Umweltschutzmaßnahmen über die Mehrwertsteuer finanzieren, ergäben sich für Waren aus Ländern ohne oder mit nur geringen Umweltschutzauflagen keine Preisvorteile, weil die inländischen Umweltschutzkosten über die Mehrwertsteuer den Importen zugeschlagen würden.

Auf die Einkommens- und Ertragssteuer zu verzichten, würde gegenwärtig auf viele Bedenken stoßen. Weil die Einkommensunterschiede so kraß sind, sollen die Spitzenverdiener sich überproportional an den Gesellschaftskosten beteiligen, was man mit progressiven Steuersätzen zu erreichen sucht. Sicherlich ist es wünschenswert, daß sich die besser Verdienenden gesellschaftlich stärker engagieren. Die Gesellschaft ist auf sie angewiesen, weil den anderen die finanziellen Mittel fehlen. Die Frage ist nur, ob man das nicht viel wirkungsvoller mit wirtschaftlichen Mitteln erreicht, so daß wirtschaftliches und gesellschaftliches Interesse zusammenfallen, und nicht jeder versucht, Steuern zu sparen oder zu umgehen. Das Kreditgeld gäbe einen starken Anreiz, daß hohe Einkommen auch wieder ausgegeben werden und dadurch in die Gesellschaft zurückfließen. Einkommen würden dann nur durch eigene Tätigkeit erworben und nicht durch die Tätigkeit anderer, wie bei den Zinseinkommen, so daß ein Verzicht auf die Einkommensteuer eher akzeptiert würde.

Gegen die Mehrwertsteuer wird eingewendet, daß sie den "Kleinen Mann" am stärksten treffe, weil er jede verdiente Mark auch wieder ausgeben müsse. Die besser Verdienenden aber könnten sich unversteuerte Ersparnisse bilden. Abgesehen davon, daß Ersparnisse nach der hier vorgetragenen Sicht nur Rechte sind, kann auch bei der Mehrwertsteuer ein Sozialausgleich vorgesehen werden. In einem gewissen Rahmen ist das bereits der Fall, weil Lebensmittel nur mit 7% versteuert werden und die Mieten in der Regel mehrwertsteuerfrei bleiben Nur wenn der Vermieter für die Mehrwertsteuer optiert, fallen 7% Mehrwertsteuer an. Das kommt in der Regel nur bei gewerblicher Nutzung vor. Man könnte die Mehrwertsteuer auch so anheben, daß jedem Bürger ein Existenzminimum ausgezahlt wird. Das entspräche dem gegenwärtig diskutierten Bürgergeld von z.B. 1000 DM pro Erwachsenen und 200 DM pro Kind, das als negative Einkommenssteuer ausgezahlt würde.[150] Diejenigen, deren Verbrauch sich im durchschnittlichen Rahmen bewegt, erhielten dann etwa den gleichen Betrag ausgezahlt, den sie für die erhöhte Mehrwertsteuer aufbringen müßten. Die besser Verdienenden würden durch ihren erhöhten Verbrauch mit einem höheren Betrag belastet als sie an Rückvergütung erhielten. Die gering Verdienenden und Sozialhilfeempfänger wären steuerlich entlastet. Die Sozialhilfezahlungen könnten entfallen und damit auch die damit verbundene Bürokratie.

Das jetzige Sozialhilfeverfahren, bei dem Zusatzverdienste auf die Sozialhilfe angerechnet werden, führt dazu, daß keine Teilzeitbeschäftigungen angenommen oder daß Nebenbeschäftigungen schwarz ausgeübt werden. Bei der Auszahlung eines Bürgergeldes wären dagegen Teilbeschäftigungen in beliebiger Höhe denkbar, was die Gestaltungsfreiheit sowohl der Arbeitnehmer als auch der Arbeitgeber wesentlich erhöhen würde. Vorschläge dieser Art wurden bereits 1967 in den USA diskutiert. Wir lesen bei Jeremy Rifkin:

"Präsident Johnson richtete 1967 eine Kommission zu dem Thema ein. Nach zweijährigen Anhörungen und Untersuchungen veröffentlichte die aus Unternehmern, Gewerkschaftern und Persönlichkeiten des öffentlichen Lebens bestehende Kommission ihren Bericht, in dem sie sich einhellig für ein garantiertes Mindesteinkommen aussprach: "Arbeitslosigkeit oder Unterbeschäftigung der ärmeren Schichten sind oft auf Umstände zurückzuführen, auf die die Menschen selbst keinen Einfluß haben. Viele wollen arbeiten, finden aber keinen Arbeitsplatz. [. . .] Selbst wenn die bereits existierenden Wohlfahrtsprogramme noch aufgestockt würden, könnten sie nicht allen Amerikanern ein angemessenes Einkommen garantieren. Wir empfehlen daher die Einrichtung einer Einkommenshilfe für alle Bedürftigen."[151]

Die Empfehlungen fanden kein politisches Echo, weil man befürchtete, der Arbeitswille würde dann erlahmen. Von der Regierung wurden mehrere Pilotprojekte ins Leben gerufen, "um die praktischen Auswirkungen der Einkommensgarantie zu testen. Zu ihrer eigenen Überrachung stellte sich heraus, daß der Antrieb sich eine Arbeit zu suchen, bei den Empfängern nicht nennenswert schwächer wurde."[152]

Das Mehrwertsteueraufkommen müßte bei einer solchen Steuerreform entsprechend den in Deutschland insgesamt angefallenen Kosten auf den Bund, die Länder, die Kommunen und Landkreise aufgeteilt werden. Den Ländern, Kommunen und Landkreisen bliebe es dann überlassen, ihren Steueranteil je nach Finanzlage zu erhöhen oder zu senken. Bei einem deutschen Steuersatz von 25% könnte z.B. Schleswig-Holstein 26% erheben, Bayern 24%, die Kommune Kiel 27% und die Kommune Ingolstadt 23%. Bei Überschreiten der Landesgrenze würde der deutsche Steuersatz gelten, bei überschreiten der Gemeindegrenze der Landessatz. Liefert ein Kieler Unternehmen innerhalb Kiels betrüge die Mehrwertsteuer 27%, liefert es nach Flensburg betrüge sie 26% und nach Ingolstadt dann 25%. Entsprechend betrüge für ein Ingolstädter Unternehmen die Mehrwertsteuer für Lieferungen innerhalb Ingolstadts 23%, innerhalb Bayerns 24% und außerhalb Bayerns 25%. Damit wäre sichergestellt, daß höhere oder niedrigere Steuersätze nicht über den Vorsteuerabzug von einer anderen Region getragen werden oder ihr zugute kämen. Der Länderfinanzausgleich könnte damit entfallen, und die Länder und Gemeinden würden selbst über die Höhe ihrer Einnahmen entscheiden.

Die Finanzierung von Umweltschutzmaßnahmen über die Mehrwertsteuer wäre möglich, wenn die Unternehmen den größeren Teil (nicht alles, um die Betriebe zur Sparsamkeit zu veranlassen) der Umweltschutzauflagen mit privat organisierten gemeinnützigen Umweltschutzgesellschaften, die öffentlich kontrolliert würden, abrechnen könnten und diese dann aus dem Mehrwertsteueraufkommen finanziert würden. Bei vergleichbaren Umweltschutzkosten ergäben sich dadurch keine Preiserhöhungen, da die Betriebe ihre Umweltschutzkosten jetzt auch in die Preise einkalkulieren müssen.

Ein Staat, der seine Gesellschaftskosten fast ausschließlich über die Mehrwertsteuer und andere Verbrauchssteuern finanziert, hätte gegenüber anderen Staaten, die nicht so verfahren, einen erheblichen Wettbewerbsvorteil. Die steuerfreien Exportumsätze würden drastisch billiger. Die Importe würden mit der vollen Steuer belastet und damit im gleichen Maße verteuert. Es wäre aber keinem Staat verwehrt, ebenso zu verfahren. Jedes Land könnte seine Gesellschaftsordnung finanzieren und sie entsprechend seinen Traditionen, Zielen und Wertsetzungen individuell gestalten. Heute hat der Staat mit dem niedrigsten Gesellschaftsniveau den größten Wettbewerbvorteil. Er zwingt die hochentwickelten Staaten sich anzupassen, wenn sie nicht aus dem Wettbewerb ausscheiden wollen. Das wäre dann nicht mehr möglich.

Ohne Änderung des Steuersystems müßte man globale Mindeststandards für den Arbeitsschutz, die Sozialleistungen, die Bildungsaufwendungen, den Umweltschutz usw. vereinbaren. Das wird auch angestrebt[153], ist aber bei den bestehenden Verhältnissen ein sehr langwieriger und mühsamer Prozeß. Länder, die ihr Steuersystem auf Verbrauchssteuern umgestellt hätten, hätten kein Problem mehr, solche Standards zu übernehmen oder für sich höhere Standards festzulegen.

Die Mehrwertsteuer ist immer wettbewerbsneutral. Weil sie die Gesellschaftskosten aus dem Wettbewerb herausnimmt, fördert sie im Wettbewerb das bessere Gesellschaftsmodell, weil die Arbeitskräfte besser ausgebildet und wegen des befriedigenden persönlichen Umfelds anders motiviert sind. Das bessere Gesellschaftsmodell muß aber nicht unbedingt auch das aufwendigere sein.

Die Realität würde das beste Modell fördern. Die unterschiedlich organisierten Länder würden damit in einen Wettbewerb eintreten. Die produktivsten Gesellschaftsmodelle würden die anderen veranlassen sich ihnen anzupassen, während heute das billigste Modell den Wettbewerb gewinnt, auch wenn dabei Millionen arbeitslos werden und verarmen.

Bei der fast ausschließlichen Besteuerung über Verbrauchssteuern würden alle Bürger steuerlich gleich behandelt. Damit würde eine wesentliche Forderung der Neoliberalen erfüllt.[154] Trotzdem würden die unteren Einkommen aber wesentlich höher liegen als gegenwärtig, weil

- die Zinsbelastung mit durchschnittlich 25% entfiele,
- ein Grundeinkommen gewährt würde,
- die Grundbedürfnisse niedriger (Lebensmittel) oder gar nicht (Miete) besteuert würden
- Luxusgüter höher besteuert würden.

Wettbewerbsneutrale Sozialabgaben

Beständig klagen die Unternehmer über die hohen inländischen Soziallasten, die zur Hälfte von ihnen - als Arbeitgeberanteil - aufgebracht werden müssen. Allein die Arbeitgeberanteile zur Renten-, Kranken- und Arbeitslosenversicherung belasten die Kalkulation mit ca. 20% zusätzlichen Personalkosten. Sie müssen in die Preise eingerechnet werden und verschlechtern damit die internationale Wettbewerbsituation erheblich.

Man könnte aber auch diese Kosten über die Mehrwertsteuer finanzieren, wovon weder Arbeitgeber noch Arbeitnehmer einen Nachteil hätten. Die Einkommen der Arbeitnehmer blieben unverändert, denn die Arbeitgeberanteile zahlen sie ohnehin nicht, und die Einkommen der Arbeitgeber würden sich auch nicht ändern.

Statt Arbeitgeberanteile an die Krankenkassen zahlen sie dann mehr Mehrwertsteuer an das Finanzamt. Das Preisniveau würde sich dadurch nicht ändern. Es gäbe nur eine Verschiebung zwischen lohnintensiven und kapitalintensiven Arbeiten. Die ersteren würden billiger, die letzteren teurer.

Das zeigt das folgende Beispiel:

1. Gegenwärtiger Stand

	Produkt A lohnintensiv	Produkt B kapitalintensiv	Gesamt
Lohnkosten	1000	500	
20% Arbeitgeberanteile	200	100	
Restkosten	800	1400	
Exportkosten	2000	2000	4000
16% Mehrwertsteuer	320	320	640
Gesamtkosten	2320	2320	4640

2.Umfinanzierung der Arbeitgeberanteile über die Mehrwertsteuer

	Produkt A lohnintensiv	Produkt B kapitalintensiv	Gesamt
Lohnkosten	1000	500	
Restkosten	800	1400	
Exportkosten	1800	1900	3700
25.41% Mwst.	457	483	940
Gesamtkosten	2257	2383	4640

Wie man sieht, gehen die Exportpreise zurück, obwohl das Preisniveau insgesamt unverändert bleibt. In dem Maße wie die Exporte verbilligt würden, würden die Importe durch den höheren Mehrwertsteueraufschlag verteuert. Das wäre durchaus erwünscht, weil dadurch der Binnenmarkt gestärkt würde. Ebenso wäre die Verbilligung der lohnintensiven Produkte sinnvoll, weil das die Beschäftigung fördert.

In Zukunft wird sich sowohl die tägliche als auch die Lebensarbeitszeit weiter vermindern, während sich die Lebenserwartung weiter erhöht. Das führt zu der viel diskutierten zukünftigen Krise des Sozialversicherungssystems, weil die Beiträge sinken und die Ausgaben für die Rentner steigen. Finanziert man die Arbeitgeberanteile zur Sozialversicherung, also die Hälfte des Betrages, über die Mehrwertsteuer, ist das

Problem lösbar. Die Mehrwertsteuer würde nicht zurückgehen sondern steigen und dadurch auch den Rückgang der Beschäftigten ausgleichen.

Erleichtert würde auch, sich selbständig zu machen. Heute muß jeder Selbständige für seine Sozialversicherung sowohl den Arbeitgeber- als auch den Arbeitnehmeranteil aufbringen. Bei diesem Vorschlag wäre er vom Arbeitgeberanteil entlastet. Für Unternehmer entfiele auch der Anreiz, unversicherte Arbeitnehmer zu beschäftigen, um den Arbeitgeberanteil zu sparen.

Es wäre sinnvoll, bei dem Modell Handwerkerleistungen nicht mit Mehrwertsteuer zu belasten und dafür die Mehrwertsteuer auf Waren zu erhöhen. Das würde Schwarzarbeit überflüssig machen. Handwerksbetriebe hätten keine höhere Steuer- und Sozialkostenbelastung als Schwarzarbeiter.

Anhang

I. Kreditgeldtabelle

Die Tilgungen des Kreditgeldes vermindern sich kontinuierlich, weil sich die monatlich einbehaltenen 1% auf einen sich laufend vermindernden Restwert beziehen. Untenstehend ist eine Tabelle aufgeführt, aus der man die in den jeweiligen Jahren erfolgenden Tilgungen und die Restwerte in Prozenten des Kreditgelddarlehens ablesen kann.

Kreditgeldtabelle bei einer monatlichen Tilgung von 1%

Jahr	Tilgung jährlich %	Tilgung gesamt %	Restwert %
1.	11,36	11,36	88,64
2.	10,07	21,43	78,57
3.	8,93	30,36	69,64
4.	7,91	38,27	61,73
5.	7,01	45,28	54,72
6.	6,22	51,50	48,50
7.	5,51	57,01	42,99
8.	4,88	61,89	38,11
9.	4,33	66,22	33,78
10.	3,84	70,06	29,94
11.	3,40	73,46	26,54
12.	3,02	76,48	23,52
13.	2,67	79,15	20,85
14.	2,37	81,52	18,48
15.	2,10	83,62	16,38
16.	1,86	85,48	14,52
17.	1,65	87,13	12,87
18.	1,46	88,59	11,41
19.	1,30	89,89	10,11
20.	1,15	91,04	8,96
21.	1,02	92,06	7,94
22.	0,90	92,96	7,04
23.	0,80	93,76	6,24
24.	0,71	94,47	5,53

Jahr	Tilgung jährlich %	Tilgung gesamt %	Restwert %
25.	0,63	95,10	4,90
26.	0,55	95,65	4,35
27.	0,50	96,15	3,85
28.	0,43	96,58	3,42
29.	0,39	96,97	3,03
30.	0,35	97,32	2,68

II. Bankabrechnung eines Kreditgelddarlehens

Kreditgelddarlehen über 100 Mio. DM
bei 6% Zins + 3% Tilgung
- alle Angaben in Mio. DM -

Jahr	a) Darleh.ertrag - Darleh.aufw.	b) 3% Zins von von a)	c) 6% Zins von d) des Vorjahres	d) Guthaben z. Jahresende
1.	5,61	0,17	0,00	5,78
2.	4,32	0,13	0,35	10,58
3.	3,18	0,10	0,63	14,49
4.	2,16	0,06	0,87	17,58
5.	1,26	0,04	1,05	19,93
6.	0,47	0,01	1,20	21,61
7.	- 0,24	- 0,01	1,30	22,66
8.	- 0,87	- 0,03	1,36	23,12
9.	- 1,42	- 0,04	1,39	23,05
10.	- 1,91	- 0,06	1,38	22,46
11.	- 2,35	- 0,07	1,35	21,39
12.	- 2,73	- 0,08	1,28	19,86
13.	- 3,08	- 0,09	1,19	17,88
14.	- 3,38	- 0,10	1.07	15,47
15.	- 3,65	- 0,11	0,93	12,64
16.	- 3,79	- 0,11	0,76	9,50
17.	- 4,10	- 0,12	0,57	5,85
18.	- 4,29	- 0,13	0,35	1,78
19.	- 2,74*)	- 0,08	0,11	- 0,93
20.	0,93**)			0.00

a)	1. Jahr	2. Jahr	7. Jahr	
Kreditgeldrückfluß	11,36	10,07	5,51	(vgl. Anhang I)
Zahlung Darlehensnehmer	3,25	3,25	3,25	
Zins und Tilgung	- 9,00	-9,00	-9,00	
Summe	5,61	4,32	-0,24	usw.

b) Die Darlehenserträge und die Darlehensaufwendungen (Spalte a) werden monatlich.abgerechnet, wobei die Kreditgeldrückzahlungen eine fallende Tendenz haben.

Zur Vereinfachung der Rechnung ist aber angenommen, daß die Monatsraten 1/12 des Jahresbetrages sind. (Wenn 12 gleichbleibend eingehende Zahlungen im Jahr mit 6% verzinst werden, ergibt das einen Durchschnittszins von 3% der Jahreszahlung).

d) Die Summe aus d) des Vorjahres + a + b + c des laufenden Jahres ergibt das jeweilige Guthaben zum Jahresende.

*) Es fallen nur noch an:

1,30 Kreditgeldrückfluß
3,25 Zahlung des Darlehensnehmers
<u>-7,29 Zins und Tilgung</u>

= -2,74

**) Im 20. Jahr fallen Tilgungen in Höhe von 1,15 an, von denen hier nur die 0,93 berücksichtigt sind, die zum Ausgleich des Darlehens notwendig sind. Ebenfalls unberücksichtigt sind die ab dem 21. Jahr noch anstehenden Tilgungen in Höhe von 7,94. (siehe die Kreditgeldtabelle, 3. Spalte im Anhang I)

III. Die Bildung von Geldvermögen bei gleichbleibender Geldmenge

Trotz gleichbleibender Geldmenge können sich große Geldvermögen bilden, die ein Vielfaches der Umlaufgeldmenge ausmachen. Das sei an einigen einfachen Beispielen erklärt:

1. Schritt: Angenommen, der Wirtschaftsteilnehmer A erzeugt durch seine Arbeit eine Ware im Wert von 10.000 DM. Dabei entstehen ihm Kosten von 5.000 DM, die er B schuldet. Er verkauft die Ware für 10.000 DM an C und bezahlt aus dem Erlös seine Schulden bei B.

A	+	10.000 durch an C verkaufte Leistung	
	-	5,000 Kosten von B	= 5.000 DM Geldvermögen
B	+	5.000 durch an A verk. Leistung	= 5.000 DM Geldvermögen
C	+	10.000 Anfangsbestand Geld	
	-	10.000 Zahlung an A	
	+	10.000 Waren von A	= 10.000 DM sonst. Vermögen

Geldmäßig sieht das so aus, daß zunächst 10.000 DM und dann 5.000 DM den Besitzer wechseln. Nach dem Verkauf ist A um 5.000 DM reicher. B ist ebenfalls um 5.000 DM reicher, wobei einfachheitshalber angenommen wird, ihm seien keine weiteren Kosten entstanden und C ist genauso reich wie vorher. Statt der 10.000 DM Geldwert besitzt er Waren im gleichen Wert. Das Gesamtvermögen von A, B und C ist also um 10.000 DM gewachsen. Das Geldvermögen ist gleich geblieben, es befindet sich nur in anderen Händen (vgl. zu diesem und den folgenden Schritten immer die nach dem 6. Schritt folgende Übersicht)

2. Schritt: Es sei jetzt als nächstes angenommen, daß A und B ihre 5.000 DM an D verleihen, der sich damit Maschinen kauft, die E hergestellt hat. Einfachheithalber sei angenommen, E habe dabei keine Vorkosten gehabt.

A + 5.000 DM Bankguthaben 1. Schritt
- 5.000 DM Bankguthaben
+ 5.000 DM Forderungen = 5.000 DM Geldvermögen
B + 5.000 DM Bankguthaben 1. Schritt
- 5.000 DM Bankguthaben
+ 5.000 DM Forderungen = 5.000 DM Geldvermögen
D - 10.000 DM Schulden bei A und B = 10.000 DM Schulden
+ 10.000 DM Maschinen = 10.000 DM Son. Vermögen
E + 10.000 DM aus Leistung für D = 10.000 DM Geldvermögen

Das Geldvermögen ist also um 10.000 DM gewachsen, obwohl die umlaufende Geldmenge gleichgeblieben ist.

3. Schritt: In einem 3. Schritt berechnen A und B je 250 DM Zinsen an D. Damit wächst das Geldvermögen, nämlich die Forderungen von A und B, um 500 DM. Die Schulden von D erhöhen sich ebenfalls um 500 DM.

A + 5.000 DM Forderungen 2. Schritt
+ 250 DM Forderungen Zinsen = 5.250 DM Geldvermögen
B + 5.000 DM Forderungen 2. Schritt
+ 250 DM Forderungen Zinsen = 5,250 DM Geldvermögen
D - 10.000 DM Schulden 2. Schritt
- 500 DM Zinsschulden = 10.500 DM Schulden

4. Schritt: In einem 4. Schritt hat D für E eine Dienstleistung im Werte von 11.000 DM erbracht. E bezahlt ihm davon 10.000 DM, 1.000 DM bleibt er ihm schuldig. Von dem Erlös bezahlt D Geldschulden bei A und B in Höhe von je 5.000 DM.

A + 5.250 DM Forderungen 3. Schritt
- 5.000 DM Forderungen
+ 5.000 DM Bankguthaben = 5.250 DM Geldvermögen
B + 5.250 DM Forderungen 3. Schritt
- 5.000 DM Forderungen
+ 5.000 DM Bankguthaben = 5.250 DM Geldvermögen
D + 10.000 DM Einnahmen durch Leistung für E
+ 1.000 DM Forderungen
- 10.000 DM Schuldentilgung = 1.000 DM Geldvermögen
- 10,500 DM Schulden 3. Schritt
+ 10.000 DM Schuldentilgung = 500 DM Schulden
E + 10.000 DM Bankguthaben 2. Schritt
- 10.000 DM Zahlung für Dienstleistung von D = 0 DM Geldverm.
- 1.000 DM Schulden für Dienstleistg. von D = 1.000 DM Schulden

Das Geldvermögen von A und B bleibt damit in gleicher Höhe bestehen. Es besteht aber jetzt aus je 5.000 DM Bankguthaben und 250 DM Forderungen an D. Dagegen erhöht sich das Geldvermögen von D um 1.000 DM und seine Schulden vermindern sich um 10.000 DM, während sich das Geldvermögen von E um 10.000 DM vermindert und seine Schulden um 1.000 DM erhöhen.

5. Schritt: Bis zum 4. Schritt ist das umlaufende Geldvolumen immer gleich geblieben. Es betrug 10.000 DM. In einem 5. Schritt sei jetzt angenommen, daß sich C bei der Bank einen Wechselkredit von 5.000 DM beschafft. Jetzt hat er ein Bankguthaben von 5.000 DM, aber gleichzeitig Schulden von 5.000 DM. Seine Geschäftsbank hat Forderungen von 5.000 DM an ihn. Dafür wurde aber ihr eigenes Guthaben um 5.000 DM abgebaut. Sie refinanziert sich über die Notenbank, indem sie dort den Wechsel zum Rediskont einreicht. Sie hat 5.000 DM Schulden bei der Notenbank und diese 5.000 DM Forderungen an die Geschäftsbank. Damit hat sich die umlaufende Geldmenge um 5.000 DM auf 15.000 DM erhöht.

C	+ 5.000 DM Bankguthaben	= 5.000 DM Geldvermögen
	- 5.000 DM Bankschulden	= 5.000 DM Schulden
Geschäftsbank	+ 5.000 DM Forderungen	= 5.000 DM Geldvermögen
	- 5.000 DM Notenbankschulden	= 5.000 DM Schulden
Notenbank	+ 5.000 DM Forderungen	= 5.000 DM Geldvermögen

Das Geldvermögen ist um 15.000 DM gewachsen, die Schulden um 10.000 DM.

6. Schritt: Als 6. Schritt sei noch dargestellt, wie sich die Vermögenssituation durch die Abschreibung verändert. Das Warenvermögen von C werde um 50% abgeschrieben. weil es entsprechend wertlos geworden ist.

C	+ 10.000 DM Waren 1.Schritt
	- 5.000 DM Abschreibungen = 5.000 DM Sonstiges Vermögen

ENTWICKLUNG DES VERMÖGENS UND DER SCHULDEN IN TDM

Anfangs-Bestand	Schritte: 1	2	3	4	5	6
GELDVERMÖGEN						
A 0,0	5,0	5,0	5,25	5,25	5,25	5,25
B 0,0	5,0	5,0	5,25	5,25	5,25	5,25
C 10,0	0,0				5,0	5,0
D 0,0				1,0	1,0	1,0
E 0,0		10,0	10,0	0,0		
Bank					5,0	5,0
Notenbank					5,0	5,0
Su 10,0	10,0	20,0	20,5	11,5	26,5	26,5
SONSTIGES VERMÖGEN						
C	10,0	10,0	10,0	10,0	10,0	5,0
D		10,0	10,0	10,0	10,0	10,0
GESAMTVERMÖGEN						
Su 10,0	20,0	40,0	40,5	31,5	46,5	41.5
SCHULDEN						
C					5,0	5,0
D		10,0	10,5	0.5	0,5	0,5
E				1,0	1,0	1,0
Bank					5,0	5,0
Su		10,0	10,5	1,5	11,5	11,5
VERMÖGEN :/. SCHULDEN						
Su 10,0	20,0	30,0	30,0	30,0	35,0	30,0
UMLAUFENDE GELDMENGE						
Su 10,0	10,0	10,0	10,0	10,0	15,0	15,0

Aus dieser Übersicht wird deutlich, wie das Vermögen anwachsen kann, obwohl die umlaufende Geldmenge gleichbleibt. Das Vermögen wächst real, wenn Güter produziert werden, die Vermögenswerte darstellen (1. und 2.Schritt).

Im 2. und 3. Schritt ist das reine Geldvermögen angewachsen, ihm steht aber eine Schuldenzunahme in gleichem Umfang gegenüber. Im 4. Schritt nimmt das Vermögen genauso ab wie die Schulden. Im 5. Schritt wird die umlaufende Geldmenge durch Refinanzierung über die Notenbank erhöht. Im 6. Schritt sieht man, wie sich das Vermögen durch die Abnutzung, die in der Abschreibung zum Ausdruck kommt, wieder vermindert.

In der Wirtschaftswissenschaft spricht man von der Geldschöpfung der Geschäftsbanken, weil ausgezahlte Kredite zu anderen Wirtschaftsteilnehmern fließen und von diesen wiederum als Spargelder oder Girogelder bei den Banken eingezahlt und dann erneut verliehen werden, allerdings abzüglich der Mindestreserve, die die Banken zu halten haben. Bei einer Mindestreserve von 10% würde das folgendermaßen aussehen:

	Sparguthaben	Bankkredit
Kreditvergabe		1.000,00
2. Schritt	1.000,00	900,00
3. Schritt	900,00	810,00
4. Schritt	810,00	729,00
5. Schritt	729,00	656,10
Summe	3.439,00	4.095,10

Nach 5 Schritten hätten sich also die Bankkredite mehr als vervierfacht, wenn man die Kreditrückzahlung unberücksichtigt läßt und annimmt, daß die ausgegebenen Beträge alle wieder bei der Bank ankommen. Entscheidend ist auch nicht die Höhe des Kredites sondern die scheinbare Tatsache, daß auf diese Weise eine Kreditschöpfung durch die Banken erfolgt, die nur durch die Mindestreserve begrenzt ist.

Bei diesem Gedankengang wird aber nicht bemerkt, daß überhaupt nichts anderes passiert als wenn das Geld als

Bargeld von Hand zu Hand geht. Wenn keine Bank dazwischengeschaltet worden wäre, aber immer nur 90% des gesparten Geldes wieder ausgegeben werden, käme man zu dem gleichen Ergebnis. Der Geldumlauf der Spargelder, der sonst stagnieren würde, wird über die Bank abgewickelt, das ist alles. Weil die Bank Sparguthaben aufnimmt und zusätzliche Kredite ausgibt, entsteht der irrtümliche Eindruck, sie betreibe Geldschöpfung. Es ist aber immer das gleiche Geld, das kreist. Umlaufgeschwindigkeit und Geldmenge werden miteinander verwechselt.

IV. Die Brakteatenwährung

Zur Brakteatenwährung liest man bei Irving Fisher:

"Das Hauptmerkmal dieses Brechgeldes war jedoch ihre von Zeit zu Zeit stattfindende Umprägung. Durchschnittlich rief der Münzherr alle umlaufenden Münzen zwei- bis dreimal im Jahr zum Umtausch auf und erhob ca. 25% Schlagschatz. (...) Ein Vorteil des Brechgeldes war, daß es zum ersten Male in der Geschichte Mitteleuropas ein Tauschmittel von kleiner Stückelung darstellte. Die umlaufenden Gold- und Silbermünzen besaßen zu großen Wert, um dem allgemeinen Umlauf dienen zu können. Deshalb ermöglichte das Brechgeld größere Arbeitsteilung.

Diese eigenartige Besteuerung durch Schlagschatzerhebung hatte aber eine andere wichtige Bedeutung. Da das Brechgeld der Umprägung und einem 25%igen Schlagschatz nach etwa 5 Monaten unterlag, entstand ein Verlust von einem Viertel des Münzwertes; dieser Verlust verteilte sich über die ganzen 5 Monate (...) Niemand mochte Münzen mit einem monatlichen Verlust von 5% durchschnittlich behalten. Man bevorzugte es, die Münzen sogleich in Ware umzusetzen. Man sagt, daß dies eine Zeit des Bargeldverkehrs war und daß Handel, Gewerbe und Künste einen Auftrieb vom Bestreben der Menschen erhielten, ihr Geld loszuwerden. Doch weist man darauf hin, daß irgendeine größere Inflation der Warenpreise vermieden wurde."[155]

Karl Walker sieht die Auswirkungen des Münzwiderrufes noch günstiger:

"Von der Mitte des 12. Jahrhunderts bis zur Mitte des 15. Jahrhunderts herrschte eine fast ununterbrochene Zeit der Wirtschaftsblüte. Wohl gab es in diesen drei Jahrhunderten auch Krieg und Wirrnis; in diese Epoche fiel die kaiserlose Zeit, das Faustrecht der Raubritter, die Herrschaft der Feme, und der Schwarze Tod zog über Europa. Aber gerade deshalb ist es um so höher zu bewerten, was Gewerbefleiß, Künste und Kultur aus der unerschöpflichen Schaffenskraft des

Menschen heraus in dieser Epoche gestaltet haben. In diesen Zeiten entstanden die Stadtsiedlungen von Dinkelsbühl, Hildesheim, Nördlingen und viele andere, die wir heute noch bewundern; in diesen Zeiten wuchsen die Dome der Gotik in den Himmel; in diesen Zeiten hatte man Geld und gab es auch aus für den Bau wundervoller Kathedralen, Rathäuser, Patrizierpaläste, Gildehallen, Brücken und Brunnen. Und in diesen Zeiten wurde auch die gewaltige Leistung der Entwicklung und Neugründung von Städten östlich der Elbe und an der Küste der Ostsee vollbracht. Berlin, Breslau, Oppeln, Marienburg, Memel, Thorn, Kulm, Riga - das alles waren unerhörte "Investitionen", wie die Nationalökonomen heute sagen würden. Aber finanziert wurden diese Investitionen aus dem rastlosen Zirkulieren eines Geldes, das sich nirgends zur Ruhe und Untätigkeit niederschlagen und als gewichtiger Schatz die Zeiten überdauern konnte."[156]

Bei Margrit Kennedy liest man zu den wirtschaftlichen Einzelheiten dieser Epoche in ihrem Buch "Geld ohne Zinsen und Inflation":

" Michael Wünstel hat sich einmal die Mühe gemacht, das, was sich ein normaler Handwerker damals für seinen Lohn leisten konnte, mit dem, was er heute für sein Geld kaufen kann, über den Getreidepreis zu vergleichen. Danach verdiente der sächsische Maurer ohne freie Kost in heutigem Geldwert etwa 2600 Mark pro Monat."[157]

"Im Jahr 1450 stiftete die Gilde der Sack-, Kohlen- und Kornträger in Danzig - sicher nicht eine der reichsten - sowohl ein gemaltes Kirchenfenster für den Bau der Marienkirche als auch noch 48.000 Silberdenare."[158]

"In der Landesverordnung von Sachsen wurde die Empfehlung ausgesprochen, den "Werkleuten sollten zu ihrem Mittag- und Abendmahle nur vier Essen, an einem Fleischtag eine Suppe, ein Essen grüne oder dörre Fische, zwei Zugemüse; (...) und hierüber 18 Groschen wöchentlicher Lohn gegeben werden."[159]

"Trotz des hohen Lohns war die Arbeitszeit mit normalerweise acht Stunden am Tag und einer Fünfeinhalbtagewoche erstaunlich kurz. Bergwerksknappen in Sachsen schufteten im Jahr 1465 wegen ihrer vergleichsweise schwereren körperlichen Belastung nur sechs Stunden täglich."[160]

"Der Wohlstand unter den 'betuchten' Handwerkern führte dazu, daß sie äußerlich nicht mehr von den Adligen zu unterscheiden waren. So mußten sie auf den Reichstagen zu Freiburg (1498) und Augsburg (1500) ermahnt werden, kein Gold, Silber, Perlen, Samt oder Seide zu tragen."[161]

"Im Fürstentum Bayern verdiente ein landwirtschaftlicher Tagelöhner im Jahr 1464 täglich achtzehn Pfennige, während ein Pfund bestes Rindfleisch zwei Pfennige kostete."[162]

"Im Gegensatz zum 19. Jahrhundert, in dem mehr als 1.000 Orte mit über 3.000 Einwohnern ohne jede öffentliche Warmbadegelegenheit auskommen mußten, gab es im Mittelalter in Basel 15, Nürnberg 12, Ulm 10, Stuttgart 4, Würzburg 7 und Wien gar 29 öffentliche Badestuben. Selbst den fahrenden Gesellen und Handwerksburschen standen "Seelenbäder" zur Verfügung, die für die Armen und zur allgemeinen Wohlfahrt errichtet worden waren."[163]

"Die neunzig kirchlichen Feiertage im Jahr, die mit zwei arbeitsfreien Wochentagen hundertachtzig Feiertage ergaben, wurden mit Mysterienspielen, Festen, Jahrmärkten und Turnieren begangen."[164]

Die Brakteatenwährung begann etwa 1150 und endete 1495 als Kaiser Maximilian I. die Münzverrufung abschaffte und den 'ewigen Pfennig' einführte.

V. Kritik an der Geldordnung aus verfassungsrechtlicher Sicht.

Der Verfassungsrechtler Prof. Dr. Dieter Suhr bringt in dem Buch "Geld ohne Mehrwert" gerafft zusammengefaßt folgende Kritik an der bestehenden Geldordnung vor:

1. Die Geldordnung ist mit den Freiheitsrechten, hier insbesondere der Vertragsfreiheit, nicht vereinbar, weil bei vertraglichen Vereinbarungen wie dem Kaufvertrag oder dem Darlehensvertrag der Vertragspartner mit dem Geld den anderen Partner von sich abhängig macht. Die heutige Geldordnung enthält "eine durch keinen Grund gerechtfertigte Einschränkung der Vertragsfreiheit von Vermögenden mit illiquiden Gütern."[165]

2. *Die Geldordnung widerspricht dem Gleichheitsgebot.*

Nach herrschender juristischer Meinung enthält der Gleichheitssatz des Art. 3 Abs. 1 GG ein Willkürverbot. "Evident willkürlich und ungerecht ist die monetäre Privilegierung, die der Besitzer von flüssigem Vermögen gegenüber dem Besitzer bloß von konkreten Waren und eigene Arbeitskraft dank des in die Geldordnung hineinkonstruierten Mehrwertes genießt."[166] "Das ist nicht nur willkürlich, nicht nur evident ungerecht, sondern ebenso evident unsozial und daher unvereinbar mit dem "sozialen Rechtsstaat."[167] "Zinsen sind nicht gerechtfertigt. Sie sind ein verfassungsrechtlich in dem Augenblick untragbares Zufallsprodukt der Geldordnung, in dem diese Geldordnung realistischerweise rekonstruiert werden kann.(...) Die kapitalistische Parteilichkeit des Geldes privilegiert reiche Nichtstuer vor ärmeren Arbeitern und Angestellten. (...) Sie ist willkürlich, unsozial und volkswirtschaftlich schädlich, weil sie Krisen vorprogrammiert. Sie ist menschenunwürdig, weil sie widersinnige Abhängigkeiten und Machtpositionen erzeugt."[168]

3. *Die Geldordnung behindert den Erwerb von Eigentum.*

Die Geldordnung behindert den Erwerb von Eigentum "derjenigen, die Eigentum erwerben wollen, durch diejenigen, die dafür eine private Eigentumsverkehrssteuer verlangen, bevor sie die von ihnen gesperrte Liquidität freigeben."[169] "Schaut man dann auf die Kompetenzen aus der Liquidität, so zeigt sich, daß unsere Geldordnung keinen Zusammenhang herstellt zwischen den Freiheiten (Kompetenzen), die die Liquidität in allen Dimensionen wirtschaftlicher Tätigkeit vermittelt, und den Risiken und Folgen, die damit einhergehen. Den Inhaber von Liquidität trifft keinerlei Verantwortung für die Vorhaltekosten und Risiken, die Liquidität für die Volkswirtschaft mit sich bringt. Er kann "ungestraft" die Zirkulation unterbrechen und sein liquides Geld zu Speicher- oder anderen Zwekken "mißbrauchen".[170] "Soll daher der Grundsatz gewährt bleiben, daß Freiheit und Verantwortung beim verfassungsrechtlichen Eigentum konnex sind, dann muß derjenige, der über Liquidität verfügt, in einer Weise an den Kosten und Risiken die er verursacht, beteiligt werden, die diesen Kosten und Risiken irgendwie entsprechen."[171]

4. *Die Geldordnung ist mit den Prinzipien eines sozialen Rechtsstaates unvereinbar.*"

„Wenn nun in die Geldordnung monetäre Schleusen eingebaut sind, über die Teile des Sozialprodukts auf Wirtschaftssubjekte geleitet werden, die keinen eigenen Beitrag geleistet haben, so ist das ungerecht. Fließen die Summen dorthin, wo ohnehin so viel ist, daß typischerweise marginale Vermögensgegenstände in Geldvermögen verwandelt und in Form von Kapitalien angelegt werden können, dann ist dieses Verteilungssystem mit den Prinzipien eines sozialen Rechtsstaates unvereinbar."[172]

5. *Die Geldordnung trägt nicht den Erfordernissen des gesamtwirtschaftlichen Gleichgewichts Rechnung.*

"Nach Art. 109 Abs. 2 GG haben Bund und Länder bei ihrer Haushaltswirtschaft "den Erfordernissen des gesamtwirtschaftlichen Gleichgewichts Rechnung zu tragen". Zu diesem gesamtwirtschaftlichen Gleichgewicht gehört u.a. Ausgeglichenheit von Angebot und Nachfrage. Dazu gehört auch, daß nicht schon in der Struktur der Wirtschaftsordnung Unausgeglichenheiten vorprogrammiert sind. (...) Das nicht neutrale Geld bewirkt den Transfer von monetären Mitteln in große Vermögensmassen, wo sie als marginales Vermögen angesammelt werden, das Zinsen und Renditen sucht, statt funktionsgerecht als Tauschmittel Waren und Dienstleistungen nachzufragen."[173]

VI. Literaturhinweise

In diesem Verzeichnis sind nur Bücher und Aufsätze angegeben, die unmittelbar durch Zitate und als wesentliche Studiengrundlage für dieses Buch Verwendung fanden.

Allen, Gary: *Die Insider - Wohltäter oder Diktatoren?* Verlag für angewandte Philosophie, Wiesbaden 1974

Bartsch,Günter: *Die NWO-Bewegung Silvio Gesells, Geschichtlicher Grundriß 1891-1992/93*, Gauke Verlag GmbH, Lütjenburg 1994

Creutz, Helmut: *Das Geldsyndrom, Wege zu einer krisenfreien Marktwirtschaft*, Ullstein Taschenbuchverlag, München 2001

Damaschke, Adolf, *Geschichte der Nationalökonomie,* Gustav Fischer Verlag 1910

Dohnanyi, Klaus von: *Notenbankkredite an den Staat?*, Nomos Verlagsgesellschaft, Baden-Baden 1986

Engels, Wolfram: *Der Kapitalismus und seine Krisen. Über Papiergeld und das Elend der Finanzmärkte,* Schäffer-Poeschel Verlag, Stuttgart 1996

Fisher, Irvin: *Feste Währung - Illusion und Wirklichkeit*, Heidelberg 1948

Forrester, Viviane: *Der Terror der Ökonomie*, Paul Szolnay Verlag, Wien 1997

Friedman, Milton: *Kapitalismus und Freiheit*, Verlag Ullstein GmbH, Frankfurt/M -Berlin - Wien 1984

Geld regiert die Welt, ECON Verlag, Düsseldorf 1992

Gesell, Silvio: *Gesammelte Werke Band 11*, Gauke Verlag GmbH, Lütjenburg 1991

Godschalk, Huge T.C.: *Die geldlose Wirtschaft. Vom Tempeltausch bis zum Barter-Club*, Basis Verlag, Berlin. 1986

Hannich, Günter: *Sprengstoff Geld. Wie das Zinssystem unsere Welt zerstört.* Versand Der Dritte Weg,

Rappenbergstr. 64, Treuchtlingen 1998

Hayek, Friedrich A. von: *Liberalismus*, J.C.B. Mohr (Paul Siebeck), Tübingen 1979

Kennedy, Margrit: *Geld ohne Zins und Inflation. Ein Tauschmittel das jedem dient*, Goldmann Verlag, München 3. Auflage 5/93

Kessler, Wolfgang: *Wirtschaften im dritten Jahrtausend. Leitfaden für ein zukukunftsfähiges Deutschland*, Publik-Forum Verlagsgesellschaft mbH, Oberursel 1996

Keynes, John Maynard: *Allgemeine Theorie der Beschäftigung, des Zinses und des Geldes,* Duncker & Humblot, Berlin 1994

Laistner, Hermann: *Ökologische Marktwirtschaft, Ein Plädoyer für die Vernunft*, Verlag Max Hueber, Ismaning bei München 1986

Liedtke, Rüdiger: *rororo spezial: Konzerne,* Rohwolt Taschenbuch Verlag GmbH, Reinbeck 1995

List, Friedrich: *Grundriß der amerikanischen politischen Ökonomie*, Dr. Böttiger Verlags-Gmbh, Wiesbaden, Neuherausgabe 1996

Martin, Hans-Peter und Schumann, Harald: *Die Globalisierungsfalle, Der Angriff auf Demokratie und Wohlstand*, Rohwolt Verlag GmbH, Reinbek März 1997

Oertzen, F.W. von: *Die Menschheit in Ketten.* Kräfte und Mächte im Dunkeln, Bd.II, National-Archiv-Verlags-GmbH., Oldenburg i.O. 1936

Otani, Yoshito: *Untergang eines Mythos*, Arrow Verlag Gesima Vogel, Neu-Ulm,2. Auflage 1981

Proudhon, Pierre Joseph: *Ausgewählte Schriften, 3. Band*, hrsg. von A. Ruge und A. Darimann, Leipzig 1851, Neudruck 1973

Rifkin, Jeremy: *Das Ende der Arbeit und ihre Zukunft*, Fischer Taschenbuch Verlag GmbH, Frankfurt/ Main Juli 1997

Schwarz, Fritz: *Das Experiment von Wörgl,*

Verlags-Genossenschaft Freies Volk, Bern 1951
Seligman, Ben B.: *Sie kauften sich Amerika, Entstehung und Entwicklung der beherrschenden Wirtschaftsimperien,* Kindler Verlag 1971

Senf, Bernd: *Der Nebel um das Geld, Zinsproblematik - Währungssysteme - Wirtschaftskrisen,* Gauke Verlag GmbH, Lütjenburg 1996

Senft, Gerhard: *Weder Kapitalismus noch Kommunismus, Silvio Gesell und das libertäre Modell der Freiwirtschaft,* Libertad Verlag, Berlin 1990

Steiner, Rudolf: *Die Kernpunkte der sozialen Frage in den Lebensnotwendigkeiten der Gegenwart und Zukunft,* Rudolf Steiner Verlag, Dornach/Schweiz 1961

Nationalökonomischer Kurs, Rudolf Steiner Verlag, Dornach/Schweiz 1965

Suhr, Dieter: *Geld ohne Mehrwert, Entlastung der Marktwirtschaft von monetären Transaktionskosten,* Fritz Knapp Verlag, Frankfurt am Main 1983

Suhr, Dieter / Godschalk, Hugo: *Optimale Liquidität. Eine liquiditätstheoretische Analyse und ein kreditwirtchaftliches Wettbewerbskonzept,* Fritz Knapp Verlag, Frankfurt am Main 1986

Walker, Karl: *Die Technik der Umlaufsicherung des Geldes,* Heidelberg-Ziegelhausen 1952

Weizsäcker, Ernst Ulrich von: *Erdpolitkik. Ökologische Realpolitik an der Schwelle zum Jahrhundert der Umwelt,* Wissenschaftliche Buchgesellschaft, Darmstadt 1994

Weixner, Bärbel und Wimmer, Michaela: *Stichwort Euro,* Wilhelm Heyne Verlag, München 1997

Aufsätze

Cohrssen, Hans R.L.: *Der schwarze Freitag, Erinnerungen an den Börsenkrach von 1929*, aus *Fragen der Freiheit* Bad Boll. Heft 144 Mai/Juni 1980

Bornhövd, Jürgen: *Europäische Notenbankinstrumente – rechtlich gebunden oder mi viel Gestaltungsfreiheit?*, aus *Fragen der Freiheit*, Bad Boll, Heft 212, Sept./Okt. 1991

Geitmann, Roland: *Das Erbbaurecht in West und Ost*, aus *Fragen der Freiheit*, Bad Boll, Heft 224, Sept./Okt. '93

Godschalk, Hugo, *Keynes-Plan 1944 und IVA-Plan Silvio Gesells - Grundlagen einer europäischen Währungsordnung?* aus *Fragen der Freiheit*, Bad Boll, Heft 206, Sept./Okt. '90

Hardorp, Benediktus: *Systemwandel im Steuerrecht?*, aus dem *Betriebsberater, Zeitschrift für Recht und Wirtschaft*, Beilage 13/1985 zu Heft 30/1985

Konsumsteuer und Gesellschaft, aus M. Rose (Hrsg.): *Konsumorientierte Neuordnung des Steuersystems*, Springer-Verlag Berlin-Heidelberg

Hedrich, Carl-Christoph: *Kritik der Europäischen Währungsunion nach dem Maastricher Vertrag über die Europäische Union*, aus *Fragen der Freiheit*, Bad Boll, Heft 221, März/April '93

Heynitz, Jobst von: *Mensch und Boden*, aus *Fragen der Freiheit*, Bad Boll, Heft 224, Sept/Okt. 1993

Horn, Max: *Mehrwertsteuer - die tragende Steuer eines zukünftigen Steuersystems?* aus *Der Steuerberater; Bewahrer des Steuerrechts*, Ulm 1985

Schmidt, Werner: *Ernst Abbe der Begründer der Zeisswerke in Jena*, aus *Fragen der Freiheit*, Bad Boll, Heft 201, Nov./Dez. 1989

Wünstel, Michael: *Aus der Vergangenheit für unsere Zukunft lernen*, in *Angebot und Nachfrage* 3/91[174]

VII. Anmerkungen

Es sind immer nur die Verfasser aufgeführt. Das betreffende Buch - oder der Aufsatz – ist aus den Literaturhinweisen zu ersehen.

1 Creutz, S. 258
2 Jeweils Bundeshaushaltsplan 1950 und 1995, zitiert nach Hannich, S. 9
3 Hannich, S.11f.
4 Vgl. dazu die auf Seite 39 aufgeführte Gegenüberstellung der Entwicklung der Schulden und Vermögen in der Bundesrepublik Deutschland
5 Hayek S. 40
6 Keynes, S. 140ff.
7 Suhr, S. 8
8 Die ersten Münzen wurden im Mittelmeerraum im 8. Jahrhundert v. Chr. in den ionischen Städten Kleinasiens erfunden. In China waren Bronzemünzen seit 1000 v. Chr. bekannt.
9 Friedman, 1992, S. 144
10 Zur Kritik an Marx siehe Otani, S. 16ff.
11 Proudhon, zitiert nach Suhr, S. 15
12 Aufsätze Schmidt, S. 30
13 Das entspricht dem von Keynes formulierten Gesetz von der Grenzleistungsfähigkeit des Kapitals. Vgl. Keynes, S. 114 f.
14 Creutz, S. 297
15 Keynes, S. 299f.
16 Friedman, 1992, S. 116
17 ebd. S. 122
18 ebd. S. 121f.
19 ebd. S. 53
20 Später schlug er vor, das Geld gebührenpflichtig abstempeln zu lassen.
21 Gesell, S. 235ff.
22 Alfred Marshall, Principles of Political Economy, Book III, chapt. XIV, § 2, zitiert nach Keynes, S. 16
23 Senft, S. 206 ff.
24 Sämtliche Zitate aus dem Nothilfeprogramm aus Schwarz, Das Experiment von Wörgl, Bern 1951

25 Dieser Betrag entspricht nach heutigen Verhältnis sen etwa dem 25 fachen, also rund 300.000 ÖS.
26 Schwarz, S. 208
27 Die hier angeführten Arbeitslosenzahlen stammen aus: E. Bruckmüller: "Sozialstruktur und Sozialpolitik", in E. Weinzierl / K. Alkalnik: Österreich 1918 – 1938, Geschichte der Republik 1", 1983, S. 408
28 Aus Illustration, Paris, 9.Sept. 1933, S. 56f. in Schwarz, S. 53
29 Hannich, S. 116ff.
30 Godschalk, S. 36-38, zitiert nach Kennedy, S. 44
31 Friedman, 1992, S. 49
32 Fisher, S. 52f., zitiert nach Senft, S. 139
33 Aufsatz Cohrssen
34 Keynes, S. 196
35 ebd., S. 300. Mit der Grenzleistungsfähigkeit des Kapitals meint Keynes die Grenze, ab der es über haupt erst sinnvoll ist, zu investieren.
36 ebd., S. 300
37 ebd., S. 300
38 ebd., S. 301
39 ebd., S. 302
40 Friedman, 1992, S. 163 ff.
41 Arrow Verlag Gesima Vogel NEU Ulm, 2. Aufl. 1981
42 Suhr/Godschalk, S. 101ff.
43 Die Rechtsnatur des Geldes vertrat auch Rudolf Steiner bereits 1922, siehe Nationalökonomischer Kurs, S.117
44 Otani, S.242
45 ebd., S. 247
46 Engels, S. 225
47 ebd., S. 149ff.
48 Martin/Schumann, S. 165
49 ebd., S. 168
50 Rifkin, S. 135
51 Engels, S. 50
52 Siehe Literaturhinweise
53 Creutz, S. 336
54 ebd., S. 313

55 ebd., S. 184
56 Creutz, Ausgabe 1994, S. 216
57 Frankfurter Allgemeine Zeitung vom 19.7.1996, zitiert nach Martin/Schumann, S. 212
58 Rifkin, S. 139
59 Der Zinsanteil beträgt 40% der Einkommen. Man muß davon aber die Bankmarge abziehen, wobei unterstellt ist, daß sie etwa ein Viertel des Zinsaufwandes beträgt, was sich aus dem Verhältnis von Zinserträgen zu Zinsaufwendungen der Banken ergibt (vgl. Creutz, S. 313). Die Bankmarge ist für die Kreditvermittlung, die Abdeckung des Kreditrisikos und den Gewinn der Bank aufzubringen.
60 Creutz, S. 304
61 ebd., S. 203ff.
62 Zur Weiterentwicklung der Gedanken Gesells siehe Literaturhinweise Bartsch
63 Suhr, S. 79ff.
64 ebd., S. 86
65 ebd., S. 39
66 Suhr/Godschalk, S. 128ff.
67 "Allein in den USA kostet der Berufsstreß die Arbeitgeber jährlich 200 Mrd. Dollar an Fehlzeiten, vermindert Produktivität, Gesundheitskosten und Entschädigungen. In Großbrittannien vermindert der Berufs streß das Bruttosozialprodukt jedes Jahr um bis zu 10%." (Rifkin, S. 133)
68 Suhr, S. 112f.
69 Creutz, S. 313
70 ebd., S. 313 und Creutz, Ausgabe 1994, S. 225
71 Hannich, S. 38
72 Keynes, S. 97ff.
73 Rifkin, S. 19
74 ebd., S.19.
75 Suhr/Godschalk, S. 19
76 Kennedy, S. 43
77 vgl. S. 50
78 vgl. S. 70ff.
79 Creutz, S. 560f.

80 Schecks und Kreditkarten verändern nicht die umlaufende Geldmenge. Sie erhöhen nur die Umlaufgeschwindigkeit

81 Engels, S.120

82 Creutz, S. 313

83 Ein Girokonto kann wechselnd Buchgeldkonto, Sparkonto und Kreditkonto sein. Buchgeld ist es, wenn es nicht überzogen und regelmäßig "ausgeleert" wird. Sparkonto ist es mit den Beträgen, die längere Zeit stehen bleiben, mit dem "Geldsockel, und Kreditkonto ist es, wenn es überzogen wird.

84 Überflüssiges Bargeld wird von den Geschäftsbanken an die Bundesbank zurückgegeben, zusätzlich benötigtes Bargeld von dort angefordert.

85 Kessler, S. 156

86 Kennedy, S. 138ff.

87 ebd., S. 139

88 Von 1952 bis 1971 war der Wechselkurs der DM durch das Bretton-Woods-Abkommen an den Dollar gebunden, so daß schon von daher keine Geldwertstabilität erreicht werden konnte. Die DM mußte die Inflation des Dollars mitvollziehen (siehe Seite 93)

89 Creutz, S. 41

90 siehe dazu auch Creutz, S. 236ff.

91 Martin/Schumann, S. 9ff.

92 Suhr, S. 115ff.

93 Keynes, S. 302

94 Martin/Schumann, S. 208

95 ebd., S. 74

96 Hannich, S. 82

97 Martin/Schumann, S. 86ff.

98 Der Spiegel vom 25.5.1998

99 Martin/Schumann, S. 106ff.

100 ebd S. 109ff

101 Aufsatz Godschalk, S. 35f.

102 Senf, S. 179 und 199

103 Dohnanyi, S. 55f. .

104 Weixner/Wimmer, S. 12ff.

105 ebd., S. 55ff.

106 Unter Offenmarktpolitik versteht man die Ausweitung oder Verminderung der Geldmenge durch An- oder Verkauf von Wertpapieren durch die Notenbank. Soll mehr Geld in den Umlauf gebracht werden, kauft sie Wertpapiere, wodurch sich die Geldmenge erhöht. Umgekehrt nimmt sie die Geldmenge wieder vom Markt, wenn sie Wertpapiere verkauft.
107 Zur Stellung und den Kompetenzen der Bundesbank siehe Aufsatz Bornhövd, S. 4ff.
108 Friedman, S. 65f.
109 ebd. S. 69ff.
110 Frankfurter Allgemeine Zeitung vom 19.1.1996, zitiert nach Martin/Schumann, S. 114
111 Neue Solidarität vom 13.12.2000
112 Der Tagesspiegel vom 31.1.96, zitiert n.Senf, S. 234
113 Liedtke, S. 9
114 ebd., S.12f.
115 ebd., S. 80f.
116 ebd. S. 57
117 Handelsblatt vom 26.3.1993 und Frankfurter Rundschau vom 24.2.1995
118 Frankfurter Allgemeine Zeitung vom 9.7.1996 und Der Spiegel 12/96
119 Frankfurter Rundschau vom 27.3.1996
120 Martin/Schumann, S. 271f.
121 Die Woche vom 3.11.1995, zitiert nach Martin/Schumann, S. 274f.
122 Der Spiegel 12/1996, zitiert nach Martin/Schumann, S. 275
123 Martin/Schumann, S. 275
124 ebd., S. 157
125 Liedtke, S. 116
126 Martin/Schumann, S. 22
127 Die Möglichkeit, sich durch Vertrag einer einheitlichen Leitung zu unterstellen, ohne dadurch von einem anderen vertragsabschließenden Unternehmer abhängig zu werden, bliebe bestehen, da es sich dabei nicht um einen Beherrschungsvertrag handelt (§ 291, Abs. 2 AktG)
128 Der Spiegel vom 11.5.1998

129 Weizsäcker, S. 225f.

130 Um sicherzustellen, daß die Interessen der Verbraucher bei den Kartellamtsentscheidungen ausreichend berücksichtigt werden, könnte man die Möglichkeit der Verbandsklage für Verbraucherverbände einführen.

131 Martin/Schumann, S. 94 und 220

132 Otani, S. 169

133 Seligman, zitiert nach Otani, S. 162

134 Otani, S. 163

135 ebd., S. 163f.

136 Senft, S. 76ff.

137 Gesell, S. 73

138 vgl. Seite 22f.

139 Gesell, S. 75f.

140 ebd., S. 68

141 Rudolf Steiner (1861-1925), der Begründer der Anthroposophie, vertrat ähnlich Gesell die Idee eines "alternden Geldes", das wie die Waren an Wert verliert, und setzte sich für ein Nutzungsrecht anstelle des Grundstückshandels ein. Vgl. Steiner, 1961, S. 58 und 105f.

142 Aufsatz Heynitz, S. 13f.

143 ebd., S. 15

144 Aufsatz Geitmann, S. 17ff.

145 Kennedy, S. 56

146 Zur Bewertung von Mehrwert und Verbrauchssteuern gegenüber Einkommens-, Ertrags- und Vermögenssteuer, siehe Aufsatz Hardorp

147 Siehe Aufsatz Horn, S. 146ff. zitiert nach Aufsatz Hardorp, S. 2

148 Oliver Lang, Steuervermeidung und –hinterziehung: Eine Schätzung von Ausmaß und Gründen, in ZEW Newsletter, 1/1993, S. 17ff., zitiert n. Kessler, S. 28

149 Siehe M.Rose (Hrsg.): Konsumorientierte Neuordnung des Steuersystems, Springer Verlag Berlin-Heidelberg, S. 85ff., zitiert nach Aufsatz Hardorp

150 Kessler, S. 113ff.

151 Rifkin, S. 196f.

152 ebd., S. 196

153 Kessler, S. 173ff.

154 Hayek, S. 34
155 Fisher, S. 13f., zitiert nach Suhr, S. 135f.
156 Walker, S. 58; ders. , Das Geld in der Geschichte, Lauf bei Nürnberg, 1959, S. 29-104, zitiert n. Suhr, S. 136
157 Aufsatz Wünstel, S. 5, zitiert nach Kennedy, S. 142
158 Kennedy, S. 142
159 Damaschke, S. 3, zitiert nach Kennedy, S. 142
160 Kennedy, S. 143
161 ebd., S. 143
162 Damaschke, S. 3, zitiert nach Kennedý, S. 144
163 Aufsatz Wünstel, S. 4, zitiert nach Kennedy, S. 144
164 Kennedy, S. 144
165 Suhr, S. 118
166 ebd., S. 119
167 ebd., S. 120
168 ebd., S. 121f.
169 ebd., S. 123
170 ebd., S. 124
171 ebd., S. 125
172 ebd., S. 125
173 ebd., S. 126

VIII. Glossar

(Verweise auf andere Stichworte sind kursiv geschrieben)

Bankmarge – siehe Zinsen

Bodenrecht

Das bestehende Bodenrecht ist römisches Recht. Nach dem Zusammenbruch des römischen Reiches im Jahre 476 herrschte in Europa ein Jahrtausend das Recht der germanischen und keltischen Völker, das keinen privaten Grundbesitz kannte. Erst 1495 führte Kaiser Maximilian wieder das römische Recht ein. Damit wurde der Boden Privatbesitz der weltlichen und geistlichen Herrscher. Die Landbevölkerung wurde in Pacht und Leibeigenschaftsverhältnisse herabgedrückt, ihre Unabhängigkeit gebrochen und die absolute Macht der Fürsten begründet.
Grundbesitz ist kein Wirtschaftsgut sondern Nutzungsrecht, denn der Grund kann weder hergestellt noch vermehrt noch verbraucht werden. Weil Grundbesitz wie Ware behandelt wird, entstehen wirtschaftliche und soziale Fehlentwicklungen. Die Grundstückspreise steigen kontinuierlich. Wertsteigerungen, die durch Umwidmung des Grundbesitzes in Bauland oder gewerbliche Nutzung entstehen, fließen ohne Gegenleistung in private Taschen, und Herabstufungen der Nutzung müssen entschädigt werden. Die Innenstädte veröden, weil die hohen Grundstückspreise nur von Kaufhäusern und Banken finanziert werden können.

Bodenrecht – Reformvorschläge

Eine steuerliche Abschöpfung der Grundstücksgewinne würde dazu führen, daß keine Grundstücke mehr angeboten werden oder ein privat vereinbarter unversteuerter Zusatzpreis bezahlt wird. Eine rechtliche Vergabe der Bodennutzung ist auch nicht möglich, denn wie will man die unterschiedlichen Grundstückswerte je nach Größe, Nutzungsmöglichkeit, Lage, Boden, Umgebung, Verkehrserschließung, Nachbarschaft, Klima usw. gerecht vergeben? Das würde eine Prozeßlawine auslösen.

Aus verschiedenen Reformvorschlägen zum Bodenrecht entwickelte das Seminar für Freiheitliche Ordnung ein Reformkonzept. Für die Bodennutzung sollen Abgaben in marktgerechter Höhe erhoben werden, um

a) durch Kostendruck, den ökologisch wertvollen Boden sparsam zu nutzen,
b) die Bodenverteilung über den Preis zu regeln,
c) alle Bodennutzer zu zwingen, marktgerechte Nutzungspreise zu zahlen.

Die erhobenen Gebühren sollen dann jährlich nach gleichen pro Kopf Teilen an die Bevölkerung rückverteilt werden. Diesr Reformvorschlag führt aber zu einer noch stärkeren Kommerzialisierung der Bodennutzung als es bereits der Fall ist.

Bodenrecht – modifizierte Erbbaurechtsverträge

Ein besseres Bodenrecht läßt sich mit einem modifizierten Erbbaurecht erreichen, dem folgende Vorstellungen zugrunde liegen:

a) Über die Bodennutzung entscheiden die Gemeinden, weil sie von der Nutzung unmittelbar betroffen sind.
b) Das Nutzungsrecht soll einem Privatbesitz auf Lebenszeit entsprechen

Um das zu ermöglichen, wird aller Grundbesitz in 99-jährige Erbbaurechtsverträge mit der Sitzgemeinde umgewandelt. Für diese Pachtverträge gilt:

1. Die Gemeinde kann den Pachtvertrag nicht kündigen
2. Die bestehende Nutzung bleibt gewährleistet, die Gemeinde kann sie erweitern, aber nicht einschränken. Der Pächter kann die Nutzung auf unbestimmte Zeit verschieben.
3. Ein Pacht wird während der 99 Jahre nicht erhoben.
4. Der Pachtvertrag kann verkauft oder vererbt werden.

Nach 33 Jahren würden folgende Änderungen eintreten:

5. Der Pachtvertrag kann nicht mehr verkauft werden. Beim Tod des Pächters oder Erlöschen der Firma oder Körperschaft, die das Grundstück gepachtet hat, erlischt der Pachtvertrag. Die Erben haben Anspruch auf Entschädigung für die Restlaufzeit des Vertrages und die auf dem Grundstück befindlichen Gebäude.

6. Die Gemeinde kann das Erbbaurecht neu auf Lebenszeit oder auf 66 Jahre (bei Firmen oder Körperschaften) vergeben. Dafür legt sie eine Pacht fest, die in einer Summe zu entrichten ist.
7. Bei der Neuvergabe von Erbbaurechten hat der Pächter oder Erbe ein Vorkaufsrecht.
8. Der Pächter kann den Erbbaurechtsvertrag mit einer Frist von 3 Jahren kündigen. Er hat einen Entschädigungsanspruch für die Restlaufzeit und die auf dem Grundstück befindlichen Gebäude.
9. Nach Ablauf des Pachtvertrages hat der Pächter Anspruch auf Entschädigung für die auf dem Grundstück befindlichen Gebäude.
10. Gleitklauseln in Bezug auf den Erbbaurechtsvertrag sind nicht möglich.
11. Firmen oder Körperschaften können die Verlängerung ihres Pachtvertrages 10 Jahre vor Vertragsablauf vereinbaren.

Während der ersten 33 Jahre würde sich damit an den bestehenden Besitzverhältnissen nichts ändern. Die Pachtverträge können vererbt und frei gehandelt werden. Danach könnten die Grundstücke nicht mehr verkauft oder vererbt, sondern nur noch gegen Entschädigung an die Gemeinde zurückgegeben werden. Neue Erbbaurechtsverträge vergeben dann die Gemeinden, wobei die Erben ein Vorkaufsrecht haben. Obwohl sich damit an den Besitz- und Nutzungsverhältnissen nichts ändern würde, würden die Grundstückspreise langsam nachgeben, weil Grundstücke nach 33 Jahren nicht mehr gehandelt werden könnten. Zu Spekulationszwecken erworbener Grundbesitz würde angeboten und die Preise drücken. Die Nachfrage ginge zurück, weil keine Grundstücke mehr als Vermögensanlage gekauft würden.

Nach 33 Jahren fielen laufend Erbbaurechte an die Gemeinden zurück, weil die Pächter sterben oder Firmen und Körperschaften aufgelöst werden. Diese Erbbaurechte könnten neu vergeben werden. Aus den Pachtsummen können die Entschädigungen an die Erben bezahlt werden. Weil die Pachtverträge neu für 66 Jahre vergeben werden, die Entschädigungen der Erben sich aber nur auf die Restlaufzeit der alten Verträge beziehen, würden sich von Jahr zu Jahr steigende Pachteinnahmen der Gemeinden ergeben. Dadurch würde sich die finanzielle Lage der Gemeinden innerhalb zweier Generationen grundlegend verbessern, so daß sie ihre Schuldenberge abtragen könnten und ihnen die Mittel für Schulen, Kindergärten, Altersheime usw. zur Verfügung stünden. Sie können die Bebauungspläne frei von kommerziellen Zwängen gestalten.

Deflation siehe Geldwert

Einkommensteuer siehe Steuern

Erbbaurecht siehe Bodenrecht

Ertragssteuern siehe Steuern

Freigeld

ist die Bezeichnung des von Silvio Gesell vorgeschlagenen Geldes, das wöchentlich mit einer Gebühr von 1‰ des Wertes belastet wird. In Wörgl/Tirol, wo das Freigeld vorübergehend erfolgreich ausprobiert werden konnte, mußte man den Geldschein monatlich mit einer Gebührenmarke im Wert von 1 Prozent des Geldwertes bekleben.

Gegenseitigkeit

Gegenseitigkeit ist das eigentliche Wirtschaftsprinzip. Jeder echte Wirtschaftsvorgang nutzt immer beiden Seiten. Das gilt bereits für den einfachsten Vorgang, den Tausch. Der Wert des Gegenstände erhöht sich durch den Tausch, weil die neuen Besitzer den eingetauschten Gegenstand brauchen, während sie den angebotenen Gegenstand nicht brauchten

Geld

Geld ist keine Ware sondern ein Rechtsanspruch. Ein Geldschein ist ein Dokument, das den Besitzer berechtigt, Waren oder Dienstleistungen im auf dem Dokument angegebenen Wert zu beziehen. Der Geldschein selbst hat keinen Wert, was bei einer Inflation deutlich wird. Münzen haben einen gewissen Materialwert, der aber unter dem aufgeprägten Wert liegt. Nur Gold- und Silbermünzen haben einen echtem Wert, sind aber nicht mehr im Umlauf.

Buchgeld (Bankgeld) entspricht dem Papiergeld. Die Banken verrechnen die Geldweitergabe ihrer Kunden untereinander und weisen das Ergebnis als Kontostand aus. .

Geld – Vermögensbildung und Verschuldung

Durch Zins und Zinseszins bilden sich immer stärker wachsende Millionen- und Milliardenvermögen, obwohl sich die umlaufende Geldmenge nicht entsprechend erhöht. Da die Geldvermögen durch den Zinsstrom schneller wachsen als die Geldmenge, muß auch die Verschuldung entsprechend zunehmen, denn durch den Zins wird das Geld umverteilt.

Inflationsbereinigt stiegen die Vermögen in Deutschland von 1950 bis 1998 von 295 Mrd. auf 9.492 Mrd. DM. Entsprechend stieg die Verschuldung von 330 Mrd. auf 9.902 Mrd. DM.

Die Vermögen konzentrieren sich in den Händen einer immer kleiner werdenden Schicht. Bereits 1992 befanden sich in Deutschland 150 Mrd. DM in den Händen von nur 300 Haushalten. In den USA gehört 0,5 % der Bevölkerung mehr als die Hälfte des gesamten Geldvermögens (56,2%).

Geld – Umschlaggeschwindigkeit

Bei jedem Kauf und jeder Bezahlung einer Leistung wechselt Geld den Besitzer, so daß eine neue Leistung erbracht werden kann. Je schneller das Geld umläuft, je größer ist die volkswirtschaftliche Leistung. Wenn 100 Euro im Jahr 10 mal den Besitzer wechseln, entsteht eine volkswirtschaftliche Leistung von 1.000 Euro. Wechseln die 100 Euro 100 mal den Besitzer, ist die volkswirtschaftliche Leistung 10.000 Euro.

Läuft das Geld zu schnell um, entsteht eine Inflation. Die Nachfrage ist dann höher als die Produktion und die Preise steigen. Läuft das Geld zu langsam um, entsteht eine Deflation. Die Preise sinken, weil zu wenig gekauft wird.

Geld – Umverteilung des Geldes

Durch den Zinsstrom entsteht eine Geldumverteilung von unten nach oben. Wie das Wasser zum Meer, fließen die Zinsen zu den großen Vermögen. In Deutschland beträgt der Zinsstrom etwa 35 Prozent des Volkseinkommens. Täglich fließen nahezu 1 Mrd. Euro zu den Geldbesitzern. Gezahlt werden die Zinsen von den Verbrauchern, denn die in der Wirtschaft anfallenden Zinsen sind in den Endverbraucherpreisen enthalten und die Zinsen des Staates in den Steuern. Hinzu kommen direkte Zinszahlungen der Endverbraucher für Hypotheken und Verbraucherkredite.

Geld – Wirksamkeit des Geldes

Wenn Geld ausgegeben wird, löst es eine neue Produktion oder Dienstleistung aus. Diese Wirksamkeit des Geldes ist bei der ärmsten Bevölkerungsschicht am größten, weil sie das Geld sofort ausgibt. Wenn das Geld alle 14 Tage weiter gegeben wird, löst es eine doppelt so hohe Produktion aus, als wenn es nur einmal im Monat den Besitzer wechselt. Durch den Zinsstrom wird die Wirksamkeit des Geldes stark vermindert, denn es wird von denjenigen, die Geld brauchen, sonst hätten sie es nicht geliehen, zu denjenigen verlagert, die es nicht brauchen, sonst könnten sie es nicht verleihen. Wenn der Zinsempfänger sein Geld auf dem Kapitalmarkt anlegt, löst er keine Produktion aus. Diese könnte erst der neue Geldbesitzer auslösen, wenn er sich entschließt, das Geld nicht ebenfalls anzulegen, sondern auszugeben.

Geldgebühr

Um die volkswirtschaftlich und sozial schädliche Geldumverteilung durch den Zinsstrom zu verhindern, wird vorgeschlagen, alle Giralgelder mit Gebühren zu belasten und Bargeld periodisch zum Umtausch aufzurufen, wobei ebenfalls eine Gebühr fällig wird. Die Sparkonten bleiben gebührenfrei. Dadurch entsteht ein Druck, das Geld schnell weiterzugeben oder auf Sparkonten einzuzahlen, so daß die Banken keine Sparzinsen zu zahlen brauchen und ihnen für Kredite zinsloses Geld zur Verfügung steht, das sie nur mit der Bankmarge weiterverleihen können.

Bestandteil des Vorschlages ist, daß Giralgelder von den Banken nicht mehr verliehen werden dürfen. Dann ist die umlaufende Geldmenge genau bekannt, denn sie besteht aus Bargeld und Giralgeld. Ferner ist die Umschlaggeschwindigkeit der Giralgelder bekannt. und damit eine wirksame Steuerung der Geldmenge möglich (siehe Geldwert – Erhaltung des Geldwertes).

Geldmenge
Die Geldmenge ist die Summe des umlaufenden Geldes. Sie besteht aus Bargeld und Giralgeld. Das Spargeld gehört nicht dazu, weil es stillgelegt ist.

Geldmenge – Ausweitung der Geldmenge
Die Banken dürfen nicht mehr Geld ausleihen als Spareinlagen bei ihnen eingezahlt wurden. Sie müssen außerdem eine Mindestreserve halten. Die Höhe der Mindestreserve wird von der Notenbank festgelegt.

Man kann oft lesen, daß sich die umlaufende Geldmenge durch die Bankkredite erhöht, weil das als Kredit ausgegebene Geld in den Wirtschaftskreislauf übergeht und ein Teil davon gespart wird, so daß sich die Spareinlagen der Banken erhöhen und sie die zusätzlichen Spareinlagen nochmals als Kredit ausgeben können. Das ist aber ein Trugschluß, denn die Bank ist nur ein Vermittler des Geldumlaufs. Wenn der Sparer sein Geld zu Hause im Schrank deponieren würde, wäre der Geldumlauf unterbrochen. Dadurch, daß er es zur Bank bringt, bleibt es im Wirtschaftskreislauf, denn die Bank verleiht es. Mehr Geld entsteht dadurch nicht. Das wird sofort klar, wenn man sich die Bankkredite als Geldscheine mit einer besonderen Farbmarkierung vorstellt und jetzt innerlich anschaulich den Weg des Scheines verfolgt.

Die Notenbank kann aber die Geldmenge echt ausweiten, indem sie den Banken zusätzliches Geld per Kredit zur Verfügung stellt. Wenn die Wirtschaftsleistung steigt, muß die Geldmenge ausgeweitet werden. Sonst würden die Preise sinken, und eine ruinöse Deflation begänne, weil zu wenig Geld umläuft,.

Geldmonopol
Das Geldmonopol besteht darin, daß ein einmal auf dem Markt errungener Vorteil durch die Geldvorteil immer weiter ausgebaut werden kann. Wenn das Wirtschaftsrecht nicht eingreift, endet die Entwicklung mit dem Marktmonopol des Unternehmens und der Ausschaltung des freien Marktes.

Geldvorteil

Bei jedem Wirtschaftsvorgang wechselt Geld den Besitzer. Der Besitzer des Geldes ist bei diesem Tausch immer im Vorteil, denn Geld altert nicht, ist universell einsetzbar und kann warten, bis der Verkäufer mit dem Preis runtergeht. Der Geldvorteil wächst mit der Geldmenge, so daß die Geldmacht entsteht.

Geldwert

Wenn der Geldwert sinkt, spricht man von Inflation, steigt er, spricht man von Deflation. Der Geldwert wird durch zwei sich ständig verändernde Größen bestimmt: die Wirtschaftsleistung (Bruttosozialprodukt) und die nachfragende Geldmenge. Die nachfragende Geldmenge ist ein Produkt aus Geldmenge und Umlaufgeschwindigkeit. Immer wenn das Geld den Besitzer wechselt, wird eine Nachfrage befriedigt und eine neue Nachfrage eingeleitet. Eine höhere Umlaufgeschwindigkeit des Geldes hat darum die gleiche Wirkung wie eine höhere Geldmenge bei gleichbleibender Umlaufgeschwindigkeit. Steigt die nachfragende Geldmenge im Verhältnis zur Wirtschaftsleistung, sinkt der Geldwert. Erhöht sich die Leistung in Relation zur nachfragenden Geldmenge, steigt der Geldwert. Die Umlaufgeschwindigkeit verlangsamt sich durch Sparen und erhöht sich durch Kreditvergabe. Das Sparen erhöht also den Geldwert, denn es wirkt preissenkend, weil sich die nachfragende Geldmenge vermindert.

weniger Geldangebot durch:	**höhere Produktivität durch:**
langsameren Geldumlauf	Rationalisierungen
Sparen	Erfindungen
Kreditrückzahlungen	Kostensenkungen
Verminderung der Geldmenge	Steuersenkungen

+

G e l d w e r t

–

mehr Geldangebot durch	**niedrigere Produktivität durch**
Erweiterung der Geldmenge	Tariferhöhungen
schnelleren Geldumlauf	Steuererhöhungen
Spargeldauflösungen	Kostenerhöhungen
Kreditaufnahmen	

Geldwert – Erhaltung des Geldwertes

Den Geldwert ließe sich über die umlaufende Geldmenge und die Umschlaggeschwindigkeit steuern. Sinken die Preise, müssen die umlaufende Geldmenge oder die Umschlaggeschwindigkeit erhöht werden, steigen sie, müssen sie vermindert werden. Da aber gegenwärtig weder die umlaufende Geldmenge noch die Umschlaggeschwindigkeit bekannt sind, ist eine Sicherung des Geldwertes auf Dauer nicht möglich, was die Entwicklung auch der Hartwährungen wie des Schweizer Franken oder der DM zeigt.

Sowohl bei einer Geldgebühr als auch beim Kreditgeld läßt sich die Geldmenge und die Umschlaggeschwindigkeit des Giralgeldes genau erfassen. Bei beiden Vorschlägen ist eine dauerhafte Sicherung des Geldwertes möglich.

Giralgeld

Geld auf Girokonten, über das der Bankkunde wie über Bargeld verfügen kann und für das er keine Zinsen bekommt.

Inflation siehe Geldwert

Kapital

Vermögen, das für wirtschaftliche Zwecke zur Verfügung steht. Kapital kann aus Geld- oder Sachvermögen bestehen. Sachvermögen sind z.B. Grundstücke, Gebäude, Maschinen, Waren usw.

Kapitalflucht

Geldreformen werden meist mit dem Hinweis auf die entstehende Kapitalflucht abgelehnt. Damit ist gemeint, daß das Geld ins Ausland flüchtet, wenn im Inland keine Zinsen zu verdienen sind. Bei einer funktionierenden Binnenwährung, die Preisstabilität und Beschäftigung garantiert, wie es bei Geldgebühren oder Kreditgeld der Fall ist, wirkt sich die Kapitalflucht nur auf die internationale Bewertung der Währung aus. Man spricht von Kapitalflucht, obwohl das Kapital gar nicht flüchten kann. Wenn das Geld im Ausland angelegt werden soll, muß es nämlich vorher in die Fremdwährung gewechselt werden. Das Geld bleibt im Lande, wird aber durch die Kapitalflucht auf dem Devisenmarkt abgewertet. Das erleichtert den Export und erschwert den Import, stärkt also den Binnenmarkt. Schwierig ist es mit Dollarkrediten, die durch die Abwertung nicht mehr bedient werden können. Hier bleibt einem im Ausland verschuldeten Land, das Geldreformen einführt, die Möglichkeit, zu erklären, daß alle Auslandskredite nur in der Binnenwährung, die ja nicht an Wert verloren hat, verzinst und getilgt werden.

Kreditgeld

Kreditgeld wird ein Geldvorschlag genannt, mit dem die Massenarbeitslosigkeit und Staatsverschuldung beseitigt werden kann. Das Kreditgeld wird von der Notenbank der öffentlichen Hand zinslos übergeben, um damit Investitionen durchzuführen, die ohne Kreditgeld nicht durchgeführt werden könnten. Die öffentliche Hand wird nicht mit Tilgungen belastet, weil das Kreditgeld von den Geldbesitzern getilgt wird. Kreditgeld ist reines Giralgeld, das auf getrennten Konten geführt wird. Es ist gesetzliches Zahlungsmittel.

Das Kreditgeld entspricht einer Geldgebühr, hat aber gegenüber der Geldgebühr den Vorteil, das es schrittweise eingeführt und in seinen Auswirkungen getestet werden kann. Wenn es sich bewährt kann es so ausgeweitet werden, daß der gesamte bargeldlose Zahlungsverkehr über Kreditgeld läuft. Dann besteht kein Unterschied mehr zur Geldgebühr. Es ist dann auch notwendig, wie bei der Geldgebühr Bargeld periodisch zum Umtausch aufzurufen, wobei eine Gebühr fällig wird.

Kreditgeld – Ausgabe des Kreditgeldes

Die Ausgabe des Kreditgeldes erfolgt durch die Notenbank. Die Höhe des Kreditgeldes und die damit zu fördernden Maßnahmen legt die Bundesregierung fest.

Kreditgeld – Sicherung des Geldwertes

Die Kreditgeldmenge kann langsam ausgeweitet und dabei der Umgang mit Kreditgeld erprobt werden. Weil Kreditgeld mit einer Tilgung belastet ist, verdrängt es das Normalgeld beim bargeldlosen Zahlungsverkehr, denn jeder wird zuerst Kreditgeld zum Zahlen benutzen, um die Tilgung zu vermeiden. Wenn der bargeldlose Zahlungsverkehr über Kreditgeld abgewickelt wird, ist die umlaufende Geldmenge bekannt. Sie besteht aus Bargeld und Kreditgeld. Auch die Umlaufgeschwindigkeit des Kreditgeldes ist bekannt. Damit ist eine wirksame Sicherung des Geldwertes möglich. Sinkt der Geldwert, darf kein zusätzliches Kreditgeld ausgegeben werden. Steigt er, wird weiteres Kreditgeld ausgegeben.

Kreditgeld – Tilgung des Kreditgeldes
Bei einer Tilgungsrate von monatlich 1% zieht die Bank von jedem Kreditgeldbesitzer monatlich ein Prozent des Kreditgeldes ein (entsprechend den Tagen, die das Kreditgeld auf dem Konto lag) und überweist den Betrag an die Notenbank, die das Kreditgeld im Auftrag der Regierung ausgibt. Jährlich fließen 12% des Kreditgeldes an die Notenbank zurück und können neu ausgegeben werden.

Kreditgeld – Zinsentwicklung
Das Kreditgeld wirkt wie eine Geldgebühr. Weil die Sparkonten tilgungsfrei sind und das Bargeld periodisch zum Umtausch aufgerufen wird, sammelt sich alles nicht sofort benötigte Geld auf den Sparkonten, so daß die Banken für Spareinlagen keine Zinsen zu zahlen brauchen und somit zinsloses Geld für Kredite zur Verfügung steht.

Kreditgeld – Umwechseln in Normalgeld
Kreditgeld ist reines Buchgeld. Wenn man es abhebt, muß man es in Bargeld umtauschen, wofür die Bank eine Gebühr erheben wird, denn das Kreditgeld bleibt bei der Bank, und sie muß es tilgen. Es bildet sich also eine Preisdifferenz zwischen Kreditgeld und Normalgeld. Weil das Kreditgeld billiger ist als Normalgeld, entsteht auch eine Nachfrage nach Kreditgeld, denn man wird das billigere Kreditgeld zum Zahlen benutzen.

Liquiditätsvorteil
Bei einem Kauf bietet der Verkäufer Ware oder Dienstleistungen an, der Käufer Geld. Der Käufer ist dabei im Vorteil, weil er mit dem Geld alles kaufen kann, während der Verkäufer nur ein bestimmtes Angebot hat und weil der Käufer sich Zeit lassen kann, während der Verkäufer möglichst jetzt verkaufen muß,

denn er lebt davon und die Ware verdirbt. Diesen Geldvorteil nennt man Liquiditätsvorteil. Der Liquiditätsvorteil verstärkt sich mit der Menge des Geldes Wenn das Geld verliehen wird, wird der Liquiditätsvorteil mit Zinsen abgegolten.

Mehrwert

Mehrwert nennt man die Werterhöhung durch Arbeit. Der Unternehmer verfügt über den Mehrwert. Er kauft Material ein, läßt es in seinem Unternehmen bearbeiten und verkauft es wieder. Die Differenz zwischen seinem Einkauf und seinen Erlösen ist der Mehrwert. Aus dem Mehrwert bezahlt der Unternehmer seine Kosten (Personalkosten, Energie, Abschreibungen, Zinsen, Werbung usw.) Was ihm dann übrig bleibt, ist der Gewinn.

Mehrwertsteuer siehe Steuern

Neoliberalismus

Der Neoliberalismus ist die in den 80-er Jahren des 20. Jahrhunderts aufgekommene Wirtschaftsideologie des reinen Kapitalismus. Dazu gehört insbesondere der uneingeschränkte Wettbewerb. Dieser begünstigt bei ungleichen Partnern wegen des Geldvorteils immer den stärkeren und führt dazu, daß sich multinationale Gigantunternehmen bilden, von denen die Staatsmächte durch Steuerflucht und weltweite Betriebsverlagerungen ausgeschaltet werden können. Sie bilden gewaltige Einkaufskartelle, von denen weltweit Milliardenaufträge vergeben werden, und die darum die Preise der Zulieferer bis zu den Herstellungskosten drücken können, so daß alle Gewinne zu ihnen verschoben werden.

Ferner gehört der grenzüberschreitende freie Kapitalverkehr zum Programm des Neoliberalismus, der die kleinen Währungen den Spekulanten ausliefert. Gefordert und durchgesetzt wird die Privatisierung öffentlicher Aufgaben, was dann zur Übernahme dieser Aufgaben durch Großunternehmen und späterer Monopolisierung – mit entsprechend hohen Preisen – führt. Der Neoliberalismus kämpft gegen die Gewerkschaften und für die Profitmaximierung durch Lohnsenkung und Abbau von Sozialleistungen.

Preisbildung
Theoretisch bildet sich der Preis am Markt durch Angebot und Nachfrage. Real wird die freie Preisbildung auf vielfältige Weise unterlaufen. Wenn nur noch wenige Großunternehmen den Markt beherrschen, werden die Preise unter der Hand abgesprochen. Außerdem vergeben die Großunternehmen vweltweit Milliardenaufträge. Durch ihre Einkaufsmacht können sie die Preise ihrer Zulieferanten so weit drücken, daß alle Gewinne zu ihnen verschoben werden.

Sozialabgaben siehe wettbewerbsneutrale Sozialabgaben

Steuern – Einkommensteuer und Ertragssteuern
Wenn Steuern vom Einkommen und Ertrag erhoben werden, werden Geldeinnahmen versteuert. Geldeinnahmen sind aber Rechtsansprüche auf Gegenleistung für eine erbrachte Leistung (siehe Geld). Das bedeutet, daß erworbene Rechtsansprüche gemindert werden, was dem Recht widerspricht, denn Rechte kann man nicht besteuern. Besteuern kann man nur Waren und Dienstleistungen, also Umsätze (siehe Mehrwertsteuer).

Der Systemfehler zeigt sich an den unsinnigen Konsequenzen wie:

1. Bei der Einkommen- und Ertragssteuer wird versteuert, was der einzelne in die Wirtschaft einbringt und nicht, was er herausnimmt (der Verbrauch).
2. Zwischen Einkommen und Verbrauch liegt die Sparquote oder die Kapitalbildung, die mit versteuert wird, was volkswirtschaftlich falsch ist.
3. Die Steuerprogression bei höheren Einkommen muß wegen der Inflationsrate immer wieder korrigiert werden.
4. Die Einkommensteuer führt zu Schwarzarbeit und Steuerflucht.
5. Wer produktiv arbeitet und Gewinn erzielt, muß Steuern zahlen. Wer unproduktiv arbeitet und Verluste macht, wird belohnt, weil er keine Steuern zahlen muß.
6. Ein großer Teil der Einkommen- und Ertragssteuern wird ohnehin an den Verbraucher belastet, weil diese Steuern

von den Unternehmen in die Preise eingerechnet werden. Sie könnten somit gleich als Mehrwertsteuer erhoben werden.

7. Mit der komplizierten Einkommensteuer erzielt man die gleiche Wirkung wie mit der einfachen Mehrwertsteuer. Beides vermindert die Kaufkraft des Einkommens.
8. Ein Heer hochbezahlter Steuerberater ist damit beschäftigt, die komplizierten Steuererklärungen zu erstellen. Auf der staatlichen Seite ist ein gleiches Heer von Finanzbeamten damit beschäftigt, die Steuererklärungen zu überprüfen. Beides entfiele, wenn die einfache Mehrwertsteuer so erhöht wird, daß sie die Einnahmen aus der Einkommen- und Ertragssteuer abdeckt.

Steuern – Mehrwertsteuer

Die am Umsatz orientierten Steuern, die Verbrauchssteuern, insbesondere die Mehrwertsteuer, sind gerechte und sinnvolle Steuern, weil sie das besteuern, was hergestellt oder geleistet wird. Dafür fallen die Gesellschaftskosten auch an, die durch die Steuern gedeckt werden. Die Mehrwertsteuer ist eine reine Endverbrauchssteuer.

Für die Mehrwertsteuer spricht:

1. Sie ist einfach zu handhaben, überschaubar und leicht überprüfbar Die Mehrwertsteuer als Hauptsteuer würde ein Heer von Steuerberatern und Finanzbeamten einsparen. Der Steuerpflicht kann man sich dann schwerer entziehen.
2. Da sich alle Steuern in den Preisen wiederfinden, auch die Einkommensteuer, denn sie vermindert die Kaufkraft, ist die Mehrwertsteuer bereits die wahre Steuerrealität.
3. Sie kann jederzeit leicht an den wechselnden Finanzbedarf angepaßt werden.
4. Sie ist krisenfest, da der Umsatz weniger schwankt als die Einkommen.
5. Wenn an alle Bürger eine einheitliche Mehrwertsteuerrückvergütung ausgezahlt wird, haben alle einen einheitlichen und gleichen Steuerfreibetrag.

6. Die Mehrwertsteuer läßt sich so staffeln, daß für den lebensnotwendigen Bedarf niedrigere Steuersätze gelten als für den gehobenen Bedarf.

Die Mehrwertsteuer ist insbesondere die sinnvollste Steuer, weil sie wettbewerbsneutral ist. Im Inland ist sie wettbewerbsneutral, weil alle Umsätze gleich hoch belastet werden. Im internationalen Handel ist sie wettbewerbsneutral, weil sie von Exporten nicht erhoben wird und Importe mit ihr belastet werden. Konkurrenzvorteile des Auslands durch niedrigere Gesellschaftskosten werden durch die Mehrwertsteuer ausgeschaltet.

Ein Staat, der seine Gesellschaftskosten fast ausschließlich über die Mehrwertsteuer und andere Verbrauchssteuern finanziert, hätte gegenüber Staaten, die nicht so verfahren, einen erheblichen Wettbewerbsvorteil. Die steuerfreien Exportumsätze würden drastisch verbilligt. Die Importe würden mit der vollen Steuer belastet und damit in gleichem Maße verteuert.

Weil die Mehrwertsteuer die Gesellschaftskosten aus dem Wettbewerb herausnimmt, fördert sie das bessere Gesellschaftsmodell, während heute das billigste Gesellschaftsmodell den Wettbewerb gewinnt und die anderen Länder zwingt, ihren hohen Gesellschaftsstandard abzubauen.

Steuern - Tobinsteuer

Nach ihrem Erfinder, dem US-Ökonomen James Tobin benannter Steuervorschlag, der vorsieht, Devisenumsätze geringfügig zu besteuern, um die Devisenspekulation zu unterbinden.

Steuern – Vermögenssteuer

Für die Besteuerung der Vermögen gilt das gleiche wie für die Einkommensteuer. Das Vermögen ist ein Rechtstitel. Er besagt, wer über welches Vermögen verfügen kann. Erst wenn über das Vermögen verfügt wird, indem etwas verkauft wird, dürfte eine Steuer fällig werden.

Umlaufgeschwindigkeit siehe Geld

Verbrauchsteuer siehe Steuern - Mehrwertsteuer

Vermögensbildung siehe Geld

Vermögenssteuer siehe Steuern

Verschuldung siehe Geld

Wertbildung
Wirtschaftliche Werte werden durch Arbeit geschaffen. Für den Wert ist aber nicht nur die aufgewendete Arbeit entscheidend, sondern auch der Bedarf nach dem jeweiligen Wirtschaftsgut. Kann der Bedarf nicht gedeckt werden, steigen die Güter im Wert, ist die Nachfrage zu gering, kann der Wert unter die Herstellungskosten sinken. Die Werte ändern sich auch durch Modetrends oder Geschmacksveränderungen.

Wertschöpfung
nennt man die Erzeugung neuer Werte durch Arbeit. Die Erhöhung eines Grundstückspreises oder Aktienkurses ist keine Wertschöpfung, denn damit wird kein neuer Wert geschaffen, sondern ein vorhandener Wert neu bewertet.

wettbewerbsneutrale Steuern – siehe Steuern – Mehrwertsteuer

wettbewerbsneutrale Sozialabgaben
Die deutschen Arbeitgeber klagen über die hohen Sozialabgaben, die sie im internationalen Wettbewerb benachteiligen. Diese werden als Arbeitgeberanteile zur Krankenkasse, Rentenversicherung und Arbeitslosenversicherung entrichtet und betragen ca. 20 % der Personalkosten. Sie könnten aber genauso gut über die Mehrwertsteuer finanziert werden. Einen Nachteil hätte niemand davon, denn sie sind jetzt genauso in den Preisen enthalten, wie sie dann in den Preisen enthalten wären. Jetzt sind sie aber ein Teil der Herstellungskosten, dann wären sie ein Teil der Mehrwertsteuer. Die Preise würden sich nur geringfügig verschieben. Lohnintensive Produkte würden billiger und kapitalintensive Produkte teurer. Dieser Effekt wäre durchaus wünschenswert, weil dadurch die Beschäftigung gefördert wird.

Im internationalen Wettbewerb ergäben sich aber erhebliche Wettbewerbsvorteile, weil die hohen Sozialkosten nicht mehr in den Herstellungskosten und damit in den Exportpreisen enthalten wären. Dafür wäre die Mehrwertsteuer entsprechend höher. Importe würden mit der höheren Mehrwertsteuer belastet, so daß Exporte erleichtert und Importe erschwert würden, was dem Binnenmarkt zugute kommt. Der Konkurrenzvorteil von Ländern mit niedrigen Sozialkosten wäre ausgeschaltet.

Die Situation der Selbständigen würde sich verbessern, weil sie nur noch den Arbeitnehmeranteil zur Sozialversicherung aufbringen müßten, während sie jetzt sowohl Arbeitnehmer- als auch Arbeitgeberanteile zahlen müssen. Für Unternehmer entfiele der Anreiz, unversicherte Arbeitnehmer zu beschäftigen, um den Arbeitgeberanteil zu sparen.

Wenn man zusätzlich Handwerkerleistungen von der Mehrwertsteuer befreien würde, wäre das ganze Problem der Schwarzarbeit vom Tisch.

Es ergäbe sich zwar ein sehr hoher Mehrwertsteuersatz, dafür gingen aber die Nettopreise (ohne Mehrwertsteuer) entsprechend runter.

Wirtschaft – Gesetzmäßigkeiten

Wirtschaftsgesetzmäßigkeiten sind nicht unabänderlich wie die Naturgesetze. Die Wirtschaft wrid vom Menschen hervorgebracht und ist darum auch von den menschlichen Vorstellungen bestimmt. Das Wirtschaftsgeschehen wird durch die volkswirtschaftlichen Theorien beeinflußt. Unter dem Neoliberalismus verläuft es anders als unter dem Keynesianismus oder dem Marxismus.

Verspricht sich die Bevölkerungsmehrheit von einem Regierungswechsel einen Aufschwung, dann wird es den auch geben, ohne daß die Regierung etwas dafür tun muß. Wegen der positiven Erwartungen werden die Konsumenten mehr ausgeben und die Unternehmer mehr investieren, was die Produktion auf Schwung bringt. Erwartet man schlechte Zeiten tritt der gleiche Effekt in umgekehrter Richtung ein. Die Investitionen werden zurückgehalten und das Geld wird in Erwartung schlechter Zeiten gespart. In gleicher Weise wirken Anlagetips. Je größer die Agentur, die solche Anlagetips vertreibt, je richtiger sind die Prognosen. Die Kurse ziehen an, wenn sie ein Anziehen voraussagen, weil die genannten Aktien gekauft werden. Eine objektive

Wertermittlung ist in der Wirtschaft nicht möglich. Das Leben kann immer wertloser werden, obwohl das Bruttosozialprodukt steigt und umgekehrt.

Wirtschaftsmacht siehe Wirtschaftsrecht

Wirtschaftsrecht

rechtlicher Rahmen, der die Einhaltung von Verträgen sichert, unlauteren Wettbewerb ausschaltet, Mindestlöhne und Arbeitszeiten festlegt, Kinderarbeit untersagt, Mutterschutz und Urlaubsanspruch sichert, Kündigungsschutz gewährt, Betrug strafrechtlich verfolgt usw.

Generell kann man sagen, daß immer dort, wo wirtschaftliche Macht mit Erfolg ausgeübt werden kann, das Wirtschaftsrecht verbessert werden muß, denn das Recht schützt gegen Machtmißbrauch.

Wirtschaftsrecht – Kapitalgesellschaften

Die Rechtsform der Kapitalgesellschaften entstammt dem 17. Jahrhundert. 1600 wurde die Britische Ostindische Kompagnie gegründet. Zwei Jahre später folgte die Gründung der niederländischen Ostindischen Kompagnie. Die Rechtsstruktur dieser Kompagnien spiegelte die damalige feudale Ordnung wieder. Anteilseigner waren das Königshaus und Angehörige des Adels. So war es selbstverständlich, daß die feudalen Geldgeber nicht nur am Eigentum und Gewinn beteiligt waren, sondern auch die Unternehmer nach ihrem Willen ein- und absetzen konnten. Mit dem Kapital war selbstverständlich das Recht verbunden, das Unternehmen zu führen, obgleich man nicht selbst tätig war. Diese Grundstruktur der Kapitalgesellschaften blieb bis heute erhalten. Von der Konzernspitze bis zu dem kleinsten angeschlossenen Unternehmen sind alle fremdbestimmt, denn sie sind von den Geldgebern abhängig. Wie der Adel die Feudalherrschaft, beherrschen sie die Unternehmen, von deren Arbeit sie leben, und dabei ihr Vermögen konstant vermehren.

Während politische Macht sorgfältig begrenzt und vielfach kontrolliert wird, werden Konzerne, deren Umsatz dem Haushalt kleiner Staaten entspricht, von kleinen Vorstandsgremien geführt, die nur dem Aufsichtsrat rechenschaftspflichtig sind. In ihrem weltweiten Operationsfeld können sie Regierungen ihre Bedingungen diktieren , indem sie damit drohen, ihre Produktionsstätten zu verlagern. Sie entscheiden über die berufliche Existenz von Tausenden. Durch Herauf- und Herabsetzung konzerninterner Verrechnungen können sie ihre Gewinne immer dorthin verlagern, wo die Steuern am niedrigsten sind.

Wirtschaftsrecht – Sicherung selbständiger Unternehmen

Um das Recht gegenüber den Konzernen wieder durchsetzen zu können, ist es notwendig, den gesellschaftlichen Wandel, der sich seit der Gründung der ersten Kapitalgesellschaft im Jahre 1600 vollzogen hat, auch in den Kapitalgesellschaften nachzuvollziehen und Kapital und Unternehmensführung so von einander zu trennen, daß das Kapital zwar noch einen berechtigten Einfluß auf die Unternehmensführung ausüben, sie aber nicht mehr beherrschen kann. Es ist nicht notwendig, den Konzentrationsprozeß zu stoppen, sondern es kommt darauf an, daß aufgekaufte Unternehmen rechtlich und wirtschaftlich selbständig bleiben. Da das Kapital die Entscheidungen des Konzerns von den Aktionären über den Aufsichtsrat und die Konzernspitze bis in jede Filiale beherrscht, muß die rechtliche Selbständigkeit eines Unternehmens außerhalb des Kapitals verankert und die Stellung des Vorstandes gegenüber dem Kapital gestärkt werden. Das ist möglich, wenn man die rechtliche Selbständigkeit an die Eintragung in das Handelsregister bindet. Niederlassungen könnte man auf die kreisfreie Stadt oder den Landkreis begrenzen, in dem das Unternehmen eingetragen ist. Dazu wären lediglich entsprechende Änderungen im Handelsgesetz, Aktiengesetz und GmbH-Gesetz sowie dem Recht der Offenen Handelsgesellschaft und der Kommanditgesellschaft nötig.

Bei einer rechtlichen Unabhängigkeit der Unternehmen gegenüber dem Kapital könnte der Staat seine Steuerhoheit gegenüber den Konzernen zurückgewinnen, weil die selbständigen Unternehmen nicht bereit wären, Gewinne in ausländische Filialen zu verschieben, also an sie abzutreten. Die Konzernspitzen hätten keine Möglichkeit mehr, Unternehmen aufzulösen, wenn man in einem Entwicklungsland billiger produzieren kann. Die Unternehmen könnten ihr Eigeninteresse gegenüber der Profitmaximierung durchsetzen. Die wirtschaftlichen Vorteile von Großunternehmen könnten erhalten bleiben, wenn entsprechende Kooperationsverträge geschlossen werden.

Zinsen

Der Kreditgeber fordert Zinsen, weil er den Geldvorteil nicht mehr nutzen kann, wenn er das Geld verliehen hat. Die Kreditvermittlung geschieht in der Regel durch die Banken. Für ihre Arbeit und das Kreditrisiko ist ein entsprechender Anteil im Zinssatz enthalten. Diesen Anteil nennt man Bankmarge. Er bleibt auch bei einem Nullzinssatz bestehen.

Wenn der Zinssatz höher ist als das Wirtschaftswachstum, tritt eine Verarmung und parallel dazu eine Bereicherung ein, weil die Zinsen nicht erwirtschaftet werden können und das Geld umverteilt wird. Eine ökologische Wirtschaft ohne Wachstum ist darum nur bei einem Nullzinssatz möglich.

Zinsen – Zinsanteil in den Preisen

Alle Wirtschaftenden müssen bei dem gegenwärtigen Geldsystem ihr zum Wirtschaften benötigtes Kapital verzinsen. Diese Zinsen müssen sie verdienen, also in die Preise einrechnen. Das gilt auch, wenn sie mit Eigenkapital arbeiten, weil sie sonst ihr Vermögen besser zinsgünstig anlegen können.

Mit dem Ansteigen der Verschuldung steigt auch der Zinsanteil in den Preisen. 1997 betrugen in Deutschland die Zinseinnahmen der Banken bereits 40 Prozent des verfügbaren Einkommens. Wenn man davon ausgeht, daß von den Zinsen ein Viertel auf die Bankmarge entfällt, dann bleibt immer noch ein Zinsanteil von 30 Prozent. .

Zinseszins

Wenn die eingenommenen Zinsen wieder angelegt werden, spricht man von Zinseszinsen. Bei 7 Prozent Zinsen verdoppelt sich ein Kapital in 10 Jahren, wenn die Zinsen wieder neu zu 7 Prozent angelegt werden. Die Verdoppelungsrate errechnet man nach der Formel 72 : Zinssatz. Bei 5% verdoppelt sich ein

Kapital also in 14,4 Jahren, bei 6% in 12 Jahren, bei 8% in 9 Jahren, bei 9% in 8 Jahren usw.

Ein zu Christi Geburt mit 5% angelegter Cent ergibt im Jahre 2000 einen Wert von etwa eine Million mal eine Milliarde mal eine Milliarde mal eine Milliarde mal eine Milliarde Euro.

In dem Zins, insbesondere dem Zinseszins, liegt die Ursache der immer wieder periodisch ausbrechenden Wirtschaftkrisen, weil das Zinssystem zur Zerstörung des Gleichgewichts führt.

Zinsstrom

Rund 30 Prozent des verfügbaren Volkseinkommens fließt als Zinsstrom über die Banken zu den Geldgebern. Dieser Zinsstrom bewirkt eine kontinuierliche Umverteilung des Geldes von unten nach oben.